Préparez le chemin du seigneur

VOTRE CŒUR

EMMANUEL KASONGO

Préparez le chemin du seigneur

VOTRE CŒUR

Préparez le chemin du Seigneur : Votre Cœur

Couverture et mise en page : PLUME-TECH

Contact : +243 823 881 948

ISBN : 979-8-90417-214-5

DEDICACE

A Jésus-Christ, source d'inspiration de ce livre ;

A mon père spirituel, l'Archevêque Diamant Bob KALONJI CIBADIBADI, et à mon mentor, le révérend Yannick PATAULI, qui en 2020 m'a parlé prophétiquement de la part du Seigneur en ces termes : « J'attends de te lire ».

REMERCIEMENTS

Je tiens sincèrement à remercier ma tendre épouse, Bénie MONDJIRI, et mes trois enfants : Emmanuel Junior, Zarina Chloé et Happiness-Pearl, pour leur présence motivante.

Ma reconnaissance s'adresse également à ma mère, celle qui a cru toute sa vie à ma conversion. Je remercie mes frères et mes fils spirituels, plus particulièrement le révérend Espérant Kasongo, le Pasteur Grecy BOKETSU et le Révérend Glody BASAKI pour leur contribution qui a permis d'enrichir ce livre.

Je dis un grand merci à ma sœur Keren NDAMBI pour le temps consacré à m'écouter et à échanger avec moi sur ce livre et sur diverses questions spirituelles qui ont permis de fignoler ce livre.

Qu'il me soit permis d'exprimer ma gratitude au chantre Michael MANYA que je ne connais pas personnellement, mais qui a boosté à 90% la rédaction de ce livre grâce à sa chanson où il dit : « **Tango nga na sukaka, nde kombo na bengaka, yesu** ».

Je dis enfin merci à la maison d'édition IMPACTGROUP pour son accompagnement.

CHAPITRE I

VOTRE CŒUR :
VOTRE VOIX ET LA VOIE DE DIEU

¹ Consolez, consolez mon peuple, dit votre Dieu. ² Parlez au cœur de Jérusalem, et criez-lui que sa servitude est finie, que son iniquité est expiée, qu'elle a reçu de la main de l'Éternel au double de tous ses péchés. ³Une voix crie: préparez au désert le chemin de l'Eternel, aplanissez dans les lieux arides une route pour notre Dieu. ⁴Que toute vallée soit exhaussée, que toute montagne et toute colline soient abaissées ! Que les coteaux se changent en plaines, et les défilés étroits en vallons ! ⁵ Alors la gloire de l'Eternel sera révélée, et au même instant toute chair la verra ; Car la bouche de l'Eternel a parlé (Esaïe 40 :1-5).

Rapport avec les juifs en exil et différentes compréhensions du concept « préparer le chemin »

Cette portion des Écritures parle du retour des exilés de Juda à Babylone. Elle annonce la fin de leur servitude et le pardon de Dieu pour leurs péchés. Le temps du jugement est passé ; Dieu a racheté son peuple.

C'était une révélation de grande importance pour les exilés. Elle ne pouvait les laisser oisifs, c'est pourquoi l'Eternel leur demanda de préparer le chemin à la fois pour leur retour au pays de paix et de repos et pour l'arrivée du Seigneur dans ce pays afin de les consoler par Sa gloire. C'était un travail qui en valait la peine. Imaginez que vous devez élever (combler) une vallée, aplanir des montagnes et des collines, rendre plats les chemins tortueux. Ce type de travail aujourd'hui ne peut que se faire avec de gros engins, des explosifs, et il demande beaucoup d'énergie et d'efforts. Peu importe l'ampleur ou la grandeur du travail, ce peuple ne pouvait pas faire autrement car la gloire de Dieu dépendait de la préparation de ce chemin. Sans ce chemin pas de gloire.

A notre époque actuelle, la visite d'une autorité, par exemple le Président d'un pays, est précédée par un déploiement de ses équipes pour s'assurer de la sécurité du chemin qu'il empruntera. Ils préparent donc en amont le chemin de leur chef.

Une autre image de préparation d'un chemin est la mise en place d'un tapis rouge réservé aux invités de marque.

Que ce soit par utilisation d'engins, par des équipes d'avance ou par déroulement d'un tapis rouge, préparer le chemin d'une autorité doit se faire avec diligence, passion et abnégation.

Rapport entre Esaie 40:1-5 et la mission de Jean Baptiste

Le texte d'Esaie 40:3 (*Une voix crie : préparez au désert le chemin de l'Eternel, aplanissez dans les lieux arides une route pour notre Dieu)*, est aussi appliqué au Ministère de Jean Baptiste par les quatre évangélistes du Nouveau Testament, de cette manière :

Matt 3:3 *Jean est celui qui avait été annoncé par Esaïe, le prophète, lorsqu'il dit : C'est ici la voix de celui qui crie dans le désert : aplanissez ses sentiers.*

Marc 1:3 *C'est la voix de celui qui crie dans le désert : Préparez le chemin du Seigneur, Aplanissez ses sentiers.*

Luc 3 :4 *selon ce qui est écrit dans le livre des paroles d'Esaïe, le prophète : C'est la voix de celui qui crie dans le désert : préparez le chemin du Seigneur, Aplanissez ses sentiers.*

Jean 1 :23 *Moi, dit-il, je suis la voix de celui qui crie dans le désert : Aplanissez le chemin du Seigneur, comme a dit Esaïe, le prophète.*

Les évangélistes ont associé la prophétie d'*Esaïe* 40:3 à celle de Malachie 3:1(a) : *Voici, j'enverrai mon messager ; Il préparera le chemin devant moi...* ; ce qui a donné un sens nouveau à ce texte qui parlait auparavant du travail que les exilés juifs devaient accomplir pour préparer les venues du Seigneur. Cependant, ce sens nouveau n'est pas faux car, évidemment, Jean Baptiste préparait le chemin du Seigneur par ses enseignements qui rétablissaient l'ordre divin en Israël (Dieu n'approuvait pas les voies des Pharisiens, Matt 3 :1-10), et qui annonçaient la venue du Messie et l'établissement de son royaume.

De son vivant, Jésus a reconnu le ministère de Jean Baptiste, attestant qu'il était plus qu'un prophète, le messager du Seigneur chargé de *préparer le chemin du Seigneur* (Luc 7:24-27).

Application d'Esaïe 40 :1-5 aux croyants rachetés par le sang de Jésus Christ

Ce texte peut aussi être appliqué à nous les croyants rachetés, appelés à expérimenter les merveilles que Dieu a prévues en abondance pour que nous en jouissions. Si les auteurs des évangiles ont pu donner un sens nouveau sans détériorer l'essence même de la prophétie d'Esaïe, je crois humblement que le même Esprit qui les y a conduits peut le faire avec moi.

Avant d'aller plus loin, j'aimerais vous annoncer que vous avez la paix avec Dieu, vous n'êtes plus dans vos péchés ; Christ a payé pour vos péchés sur la croix. Vous êtes la justice de Dieu parce que le Père a fait de Christ péché pour nous à la croix. Dieu ne va plus nous condamner pour nos fautes lors du jugement dernier, car Il l'a déjà fait à Jésus-Christ. En nous regardant, Dieu voit Christ châtié, défiguré et humilié. Sachons tout de même que nos péchés auront toujours des conséquences parfois très fâcheuses sur notre vie en tant que pèlerin sur cette terre, ce qui exige de nous une attitude de garde pour ne pas retourner dans ce que Dieu déteste.

Les versets ci-dessous peuvent vous aider à transformer votre perception de vous-même. Armez-vous de ces paroles et faites corps avec elles :

Etant donc justifiés par la foi, nous avons la paix avec Dieu par notre Seigneur Jésus-Christ (Rom 5:1).

*C'est ce que le Saint-Esprit nous atteste aussi ; car, après avoir dit : Voici l'alliance que je ferai avec eux, Après ces jours-là, dit le Seigneur : Je mettrai mes lois dans leurs cœurs, Et je les écrirai dans leur esprit, **il ajoute : Et je ne me souviendrai plus de leurs péchés ni de leurs iniquités** (Héb 10 : 15-17).*

Et si Christ n'est pas ressuscite, votre foi est vaine, vous êtes encore dans vos péchés (1 Cor 15 :17). En d'autres termes, parce que Christ est ressuscité, votre foi n'est pas vaine, elle vous a sorti de vos péchés passés, présents et futurs. Alléluia !

Celui qui n'a point connu le péché, il l'a fait devenir péché pour nous, afin que nous devenions en lui justice de Dieu (2 Cor 5:21).

Cependant, ce sont nos souffrances qu'il a portées, C'est de nos douleurs qu'il s'est chargé ; Et nous l'avons considéré comme puni, frappé de Dieu, et humilié. [5] **Mais il était blessé pour nos péchés, brisé pour nos iniquités ; Le châtiment qui nous donne la paix est tombé sur lui,** *et c'est par ses meurtrissures que nous sommes guéris* **(Esaïe 53:4-5).**

C'est merveilleux de savoir que notre paix tire sa source du châtiment qu'a subi notre Seigneur. Honneur et gloire au Seigneur Jésus qui accepta la souffrance, l'humiliation et le châtiment pour que nous soyons en paix avec son Père, notre Père.

A l'instar des exilés de Juda, Dieu nous révèle notre position pour que nous ne restions pas oisifs et stériles. C'est le début du christianisme vivant et épanoui. Tout service devrait commencer par la compréhension de cette vérité. Elle est la pierre angulaire de l'édifice que tout chrétien doit construire ; le message que Dieu veut que l'on communique au cœur de ses enfants afin de les consoler. Il a dit : *Consolez, consolez mon peuple, dit votre Dieu.* [2] ***Parlez au cœur de Jérusalem****, et criez-lui que **sa servitude est finie**, que **son iniquité est expiée***, *qu'elle a reçu de la main de l'Eternel Au double de tous ses péchés* **(Esaïe 40 :1-2).**

L'expression « Parler au cœur » fait référence à la moralisation ou à l'entretien qu'a un homme avec son épouse, son enfant, son vis-à-vis ou son inférieur dans le but de l'encourager à revenir dans le droit chemin ou à se tenir droit dans ses bottes.

Ces paroles de l'Éternel à son épouse Israël dans Osée 2:14-16 (autre version 16-18) font écho dans mon esprit : *C'est pourquoi voici, je veux l'attirer et la conduire au désert, **et je parlerai à son cœur***. *Là, je lui donnerai ses vignes et la vallée d'Acor, comme une porte d'espérance, et là, **elle chantera comme au temps de sa jeunesse, et comme au jour où elle remonta du pays d'Egypte***. *En ce jour-là, dit l'Eternel, tu m'appelleras :* **Mon Mari ! Et tu ne m'appelleras plus : Mon Maître** *!* Alléluia !

Pour nous rassurer que le message a assez d'impact et qu'il touche un grand nombre, Dieu nous demande, nous qui sommes ses « voix », de crier. La grâce de Dieu doit être prêchée distinctement, profondément et sans relâche. C'est alors que nous satisferons la demande de Dieu de *crier*. Crier signifie fournir un effort toujours croissant mais en poursuivant un but constant : être bien entendu et bien compris.

Peu importe le mépris, les insultes et les persécutions, nous devons *crier* haut et fort ce message d'amour, de réconciliation, de miséricorde et de paix entre le Seigneur et son peuple.

Il est surprenant de voir le nombre toujours croissant de frères qui fréquentent les réunions où leurs imperfections sont sans cesse rappelées dans un esprit de condamnation, sans douceur et sans miséricorde aucune. Paul recommande ceci à tout serviteur : ***il doit redresser avec douceur les adversaires***, *dans l'espérance que* ***Dieu leur donnera la repentance*** *pour arriver à la connaissance de la vérité* **(2 Tim 2:25)**. C'est Dieu qui donne la repentance et non nos messages violents appelés par certains « marteau ». Il recommanda aussi la douceur pour reprendre un frère surpris dans un péché : *Frères, si un homme vient à être surpris en quelque faute, vous qui êtes spirituels, redressez-le avec un esprit de douceur. Prends garde à toi-même, de peur que tu ne sois aussi tenté* (Gal 6:1). La motivation de reprendre avec douceur n'est pas la crainte de tomber soi-même au péché, il faut le souligner. Aux yeux de Dieu, l'enseignement présenté aux païens, aux chrétiens et même aux adversaires de l'évangile doit toujours être empreint de douceur, de prudence, et exempt de toute espèce de condamnation.

Avec un peu trop de zèle, certains prédicateurs vont à l'encontre de cette règle, se contentant de la piété résultant de leurs prédications et enseignements. J'aimerais que nous le sachions : toute piété qui ne découle pas d'une pleine ou meilleure compréhension de la grâce de Dieu est une piété vaine.

La voix qui appelle au travail

Une voix crie : ***Préparez au désert*** *le chemin de l'Éternel, aplanissez* ***dans les lieux arides*** *une route pour notre Dieu.*

Que toute vallée soit exhaussée, Que toute montagne et toute colline soient abaissées ! Que les coteaux se changent en plaines, Et les défilés étroits en vallons ! ⁵ Alors la gloire de l'Éternel sera révélée, et au même instant toute chair la verra ; car la bouche de l'Éternel a parlé (Ésaïe 40 :3-5).

Nous avons déjà souligné l'interprétation de quatre évangiles au sujet de la voix qui crie. Jean-Baptiste est cette voix dans le contexte des évangiles. Dans notre contexte, qui ne s'éloigne pas du leur, la voix c'est nous, ses serviteurs. Jean criait au désert ; nous, nous crions en Jésus-Christ aux cœurs désertiques, desséchés par le siècle présent, et aux esprits et âmes tourmentés comme si elles vivaient dans des lieux arides, afin qu'ils puissent préparer et aplanir le chemin qui leur permettra de voir le meilleur que Dieu prévoit pour eux, Sa Gloire. Permettez-moi de vous le dire : Dieu n'a prévu pour nous que des choses glorieuses, excellentes et magnifiques, à l'image de Sa personne. Tant que nous ne les avons pas encore vues, continuons à préparer et travailler sur nos cœurs. Comme vous avez pu le deviner, le chemin ou la route que le Seigneur emprunte, c'est notre cœur.

Notre cœur est le chemin que Dieu emprunte pour nous manifester sa gloire. Un cœur tortueux est un chemin impraticable pour le Seigneur. Lors de son ministère terrestre le Seigneur a réalisé beaucoup de choses impossibles : Il est monté dans les airs sans une force extérieure, Il a multiplié les pains et les poissons, Il a ressuscité un homme mort depuis plusieurs jours, Il a même marché sur l'eau.

Cependant, le Seigneur est incapable de marcher sur un cœur tortueux. C'est l'une des impossibilités de Dieu. Si un enfant de Dieu ne laisse pas Christ marcher sur son cœur, il entrera au ciel, c'est certain. Mais il ne vivra pas sur terre le meilleur de Dieu, et dans le ciel il n'aura pas le niveau ou l'éclat ou encore la gloire de certains chrétiens. Dieu ne se soucie pas que du ciel pour nous, ses enfants. Non. Il se soucie aussi de notre vie sur terre. Autrement, après l'avoir reçu dans nos cœurs pour le salut, Dieu nous aura tous enlevés au ciel.

C'est avec raison que le sage dit : **Garde ton cœur plus que tout autre chose, car de lui viennent les sources de la vie.** (Proverbes 4:23).

Monisme, Dichotomie et Trichotomie

Il y a principalement trois courants de pensée au sujet de la constitution de l'homme. Les monistes considèrent l'homme comme une unité indivisible, les dichotomes pensent à leur tour que l'homme a deux parties et que l'une des parties est composée de l'âme et de l'esprit (partie invisible) tandis que l'autre partie est composée du corps (partie matérielle). Pour les trichotomes, l'homme a trois parties : esprit, âme et corps.

Je suis à la fois trichotome et dichotome. Je ne vais pas nous faire entrer dans le conflit théologique entre ces deux courants de pensée. Le point de rencontre de ces deux courants c'est que l'homme est immatériel et matériel. Qu'il soit esprit, âme et corps (trichotome) ou esprit-âme et corps (dichotome) ; l'homme est un être invisible rendu visible par le corps. De plus, chaque partie remplit une ou des fonctions spécifiques.

Peu importe votre point de vue sur la constitution de l'homme, la Parole vous oblige à garder votre cœur plus que tout autre chose. Dans la Bible, le mot cœur fait à la fois référence à l'esprit et à l'âme (Mat 5 :28 ; 9 :4 ; Marc 7 :19-21 ; Luc 9 :47 ; Jn 13 :2 ; Rm 5 :5 ; Gal 4 :6).

Fonctions et nature de l'esprit

Votre esprit vous sert à communiquer avec Dieu dans Sa glorieuse présence ; à votre nouvelle naissance il est complètement rendu parfait et est pleinement rempli de Dieu. Ces trois vérités doivent gouverner notre façon de nous considérer. Notre esprit est le siège de la faculté de la conscience, de la faculté de la raison et du libre arbitre.

a. L'esprit qui communique avec Dieu

Mais l'heure vient, et elle est déjà venue, où les vrais adorateurs adoreront le Père en esprit et en vérité ; car ce sont là les adorateurs que le Père demande. Dieu est Esprit, et il faut que ceux qui l'adorent, l'adorent en esprit et en vérité (Jean 4 :23-24).

Dieu est esprit et ne peut communiquer qu'avec des esprits. C'est une vérité radicale et immuable. Ceci revient à dire que nous sommes esprits. Notre nous, c'est l'esprit. Ce qui est devant Dieu dans la prière ou l'adoration, c'est notre esprit et pas notre corps. Ce dernier, dans la présence de Dieu, ne reflète que ce qui est dans notre esprit.

b. Un esprit complètement parfait

Si quelqu'un est en Christ, il est une nouvelle créature. Les choses anciennes sont passées ; voici, toutes choses sont devenues nouvelles (2 Cor 5 :17).

En Christ, les choses anciennes (l'ancienne identité et l'ancien esprit) sont passées. Tout est devenu nouveau.

Alléluia !

Car, par une seule offrande, il a amené à la perfection pour toujours ceux qui sont sanctifiés (Hébreux 10 :14).

Vous êtes parfait dans votre esprit, sans défaut et sans erreur.

c. Un esprit pleinement rempli de Dieu

Votre esprit n'a plus d'espace pour autre chose ou autre personne car il est non seulement rempli mais aussi scellé (fermé) par l'Esprit de Dieu (Eph 4 :30). Rappelez-vous que Dieu est Esprit. Dieu est pleinement en vous avec tous Ses attributs et toute Sa puissance. Vous n'avez plus besoin d'être rempli de Lui. Vous êtes un disque dur saturé dans votre « vous ». Il n'est pas partiellement en vous. Il est dit de Christ : ***Car Dieu a voulu que toute plénitude habitat en lui*** (Col 1 :19). Ce qui est vrai pour Christ, l'est aussi pour nous. Dieu ne fait aucune différence entre nous et Christ. C'est ainsi qu'il est écrit : ***Lui (Dieu), qui n'a point épargné son propre Fils, mais qui l'a livré pour nous tous, comment ne nous donnera-t-il pas aussi toutes choses avec lui*** ? (Romain 8 :32). Si Dieu habite pleinement, dans toute Sa divinité, en Christ, Il l'est aussi de la même manière en nous. Voyez-vous ce que je veux dire ?

J'aimerais que nous méditions sur ces versets attestant ce que nous venons de présenter ci-haut. La liste n'est pas exhaustive.

Ne savez-vous pas que vous êtes le temple de Dieu, et que l'Esprit de Dieu habite en vous (1Cor 3:16)

Et parce que vous êtes fils, Dieu a envoyé dans nos cœurs l'Esprit de son Fils, lequel crie : Abba ! Père ! (Gal 4:6).

Vous avez été édifiés sur le fondement des apôtres et des prophètes, Jésus-Christ lui-même étant la pierre angulaire. [21] En lui tout l'édifice, bien coordonné, s'élève pour être un temple saint dans le Seigneur. En lui vous êtes aussi édifiés pour être une habitation de Dieu en Esprit (Eph 2 :20-22).

Mais quelqu'un dira : Pourquoi les écritures disent-elles : Ne vous enivrez pas de vin : c'est de la débauche. Soyez, au contraire, remplis de l'Esprit ?

Si s'enivrer est mis en opposition au fait d'être rempli de l'Esprit, cela revient à dire qu'ils ont la même particularité. Un homme ivre est rempli de vin, et se laisse conduire par le vin ou mieux par lui-même. Il manifeste sa plénitude par l'inconduite, la débauche et le dérèglement. Être rempli de l'Esprit signifie donc, selon le contexte grammatical, se laisser conduire par l'Esprit en faisant ce qu'Il commande. La version grecque de ce texte continue avec des participes présents : **...remplis de l'Esprit ; en vous entretenant par des psaumes, par des hymnes,... chantant et célébrant de tout votre cœur... rendant continuellement grâces...** (Eph 5 :18-20).

Vous êtes libre de demander d'être rempli de l'Esprit mais il vous est interdit de croire que vous avez de l'espace pour plus de Dieu. Vous êtes déjà saturé de Sa présence.

Fonctions et nature de l'âme

Votre âme est le siège de vos émotions, de vos pensées, de votre imagination, de votre volonté, de vos cinq sens (la vue, l'odorat, le toucher, le goût et l'ouïe) et de votre personnalité. Par elle vous comprenez le monde qui vous entoure ; vous retenez, conservez et vous souvenez de nombreuses informations antérieures. Elle vous donne des émotions positives et négatives. Quand vous agissez de la bonne manière par rapport à votre conscience, elle vous bonifie par une émotion positive. Vous avez l'impression de bonheur. Ressentir une émotion négative signifie souvent qu'il y a quelque chose que vous n'avez pas bien fait ou que vous devriez faire mais que vous n'avez pas fait. Vous vous sentez malheureux. En d'autres termes, l'émotion négative appelle à l'action. Les émotions peuvent de fois servir d'indicateurs pour votre vie. Par exemple : Vous réfléchissez à un investissement à faire pour votre église ou votre ministère puis tout d'un coup vous êtes envahi par le sentiment de peur. Cela pourrait vous indiquer que cet investissement ne vaut pas la peine. Plusieurs personnes ont fait l'expérience d'être orienté par une émotion ou un sentiment.

Cependant, Dieu n'a pas prévu que l'homme soit conduit par ses émotions ou son âme. C'est votre esprit qui est censé vous conduire. C'est la raison pour laquelle votre esprit est le siège de votre conscience, de votre raison ou de votre entendement et de votre libre arbitre.

La chute de l'humanité est intervenue à cause du fait qu'Adam s'est laissé entraîner par son âme. Écoutez ce que la Bible dit : *La femme vit que l'arbre était bon à manger et agréable à la vue*, et qu'il était précieux pour ouvrir l'intelligence ; elle prit de son fruit, et en mangea ; elle en donna aussi à son mari, qui était auprès d'elle, et il en mangea (Gen 3:6).

Dans leurs entendements (esprits), Adam et Eve savaient que consommer le fruit aurait des conséquences fatales pour leur existence. Mais l'homme et sa femme ont cédé au désir qu'a suscité leur imagination : devenir comme Dieu. Leur imagination façonnée par les paroles de Satan les a convaincus que le fruit était bon à manger puisqu'il était agréable à voir (l'un des cinq sens).

L'imagination est l'une des choses les plus puissantes que l'homme possède, venant de Dieu. Elle ne doit, cependant, jamais fonctionner de façon autonome ou indépendante de la Parole de Dieu. Ces paroles de proverbes résonnent dans mon esprit : *Telle voie paraît droite à un homme, mais son issue, c'est la voie de la mort* (Proverbes 14:12 et 16:25).

Exemples des personnages bibliques qui se sont laissés conduire par leur âme au détriment de leur esprit

Samuel, le grand prophète et réformateur du culte, l'homme qui dormait dans la présence glorieuse de Dieu, celui dont les paroles se sont toutes accomplies ; lui aussi, s'est laissé conduire par son âme dans le choix du remplaçant de Saül. Il lui fit dit par Dieu dans un ton de reproche : ...*Ne prends point garde à son apparence et à la hauteur de sa taille, car je l'ai rejeté. L'Eternel ne considère pas ce que l'homme considère ; l'homme regarde à ce qui frappe les yeux, mais l'Eternel regarde au cœur* (1 Sam 16 :7).

Elimélec, l'homme dont le nom signifie l'Eternel est roi, mari de Naomi, s'est décidé de quitter la maison de pains, Bethléem de Juda, pour séjourner à Moab parce qu'il y sévissait une famine dans son pays. Celui pour qui l'Éternel Tout-puissant est roi suivit la voix de son âme qui lui fit ressentir le dégoût de leur vie à Bethléem. La suite de son histoire est très courte, car elle se termine par sa mort après ce voyage guidé par son âme (Ruth 1:1-3). Il y a plusieurs exemples de personnes qui ont tout perdu pour s'être abandonnées à leurs âmes.

La conduite chrétienne et le rôle de la Parole de Dieu

L'équilibre du Chrétien se résumerait donc comme suit : Votre esprit (rempli de Dieu et instruit par Dieu) gouverne et dirige votre âme. Et cette dernière par sa volonté pousse le corps à l'action.

A l'instar de votre esprit, votre âme est immatérielle donc invisible ; elle a besoin d'être instruite, entretenue et protégée. Elle est étroitement liée à l'esprit au point que cela prête souvent à confusion dans la vie de l'homme. Ceci fait que l'homme ne sait pas souvent faire la différence entre ce qui est de l'esprit (rempli de Dieu et scellé par Dieu) et ce qui est de l'âme. Il vous sera difficile voire impossible de faire une différence entre ce que veut votre esprit et ce que veut votre âme jusqu'à ce que la Parole de Dieu vienne habiter dans toute sa richesse dans votre être intérieur. *Que la Parole de Christ habite en vous dans toute sa richesse* (Colossiens 3:16).

Pourquoi doit-elle habiter dans toute sa richesse ? *Car la parole de Dieu est vivante et efficace,* **plus tranchante qu'une épée quelconque** *à deux tranchants, pénétrante* **jusqu'à partager âme et esprit,** *jointures et moelles ;* **elle juge les sentiments et les pensées du cœur** (Héb 4:12).

La Parole de Dieu aide à distinguer ou dissocier ce qui est de l'esprit de ce qui est de l'âme. Elle est plus tranche et précise que toutes les épées réputées très tranchantes et très précises.

Votre cœur est d'une grande importance pour votre vie. Savoir l'entretenir et l'écouter est primordial pour votre succès. Quand la Parole de Dieu fera défaut dans votre vie, votre marche sur terre deviendra périlleuse. Car vous serez dans l'incapacité d'entretenir votre cœur et surtout de discerner votre âme ou votre esprit.

C'est de votre cœur que vous viennent les sources de la vie. Il est à la fois votre voix et la voie (le chemin) que Dieu emprunte pour vous rencontrer. Préparez et aplanissez votre cœur, c'est le commandement de Dieu pour votre gloire et votre élévation.

C'est ce commandement que nous allons traiter au prochain chapitre.

CHAPITRE II

PREPAREZ ET APLANISSEZ UNE ROUTE POUR VOTRE DIEU

Si quelqu'un ne veut pas travailler, qu'il ne mange pas non plus (2 Thess 3:10). Pas de place à la table de gloire pour ceux qui ne travaillent pas. Voulez-vous la gloire de Dieu ? Mettez-vous au travail. Elle ne sera pas instantanée pour vous. De toute façon, Dieu n'a jamais rien fait avec les paresseux. Interrogez les Ecritures et vous en serez instruit.

Adam : Dieu le plaça dans un jardin pour le cultiver et le garder, en respectant l'équilibre écologique établi.

Noé : Il construisit sur ordre de l'Éternel une grande arche dans laquelle les hommes et les animaux s'abritèrent du déluge.

Abraham : Il dut quitter son pays, sa patrie, la maison de son père à la demande d'un Seigneur qu'il connaissait à peine. Il quitta sa zone de confort, le lieu où il obtint une femme et des biens. C'est plus facile à raconter qu'à vivre. C'était un travail difficile mais qu'il fit malgré tout.

Moïse : Il reçut l'ordre divin de sortir les enfants de Jacob de l'esclavage du tyran Pharaon. Il devait conduire ce peuple dans un affreux désert, qui lui était aussi inconnu. Le temps me manquerait de parler de Gédéon, de Samson, de David, de Samuel, *qui vainquirent des royaumes, exercèrent la justice, obtinrent des promesses, fermèrent la gueule des lions, éteignirent la puissance du feu, échappèrent au tranchant de l'épée, guérirent de leurs maladies, furent vaillants à la guerre, mirent en fuite des armées étrangères* (Héb 11:33).

Il n'y a pas d'alternative au travail dans votre marche avec Dieu. Pour sa part, Dieu n'a plus de travail à accomplir ; l'appel au travail concerne exclusivement l'homme. À l'issue de cette tâche, la gloire de Dieu sera inéluctable.

J'aimerais vous mettre face à une évidence : Dieu restera Dieu, que nous soyons heureux ou non. Il restera Dieu que l'on soit pauvre ou riche. Il restera Dieu, que nous vivions Sa gloire ou non. Vous voyez ce que je veux dire ? Ceci ne revient pas à dire qu'Il est insensible sur ce qui nous concerne. Ce serait se méprendre sur la bonté de Dieu. Car il est écrit : *Car vous connaissez la grâce de notre Seigneur Jésus-Christ, qui pour vous, s'est fait pauvre, de riche qu'il était, afin que par sa pauvreté vous fussiez* enrichis (2 Cor 8:9).

Dieu veut notre enrichissement spirituel, financier ; Il nous veut les honneurs, la gloire, le succès, le pouvoir, etc. C'est aussi pour ça qu'Il est mort pour nous à la croix (voir contexte 2 Cor 8 et 9). Qu'à cela ne tienne, le Seigneur ne change pas si nous ne faisons rien qui puisse nous amener à vivre ces choses qu'Il nous a acquises par sa mort à la croix.

Toute grâce excellente et tout don parfait descendent d'en haut, du Père des lumières, chez lequel il n'y a ni changement ni ombre de variation (Jac 1:17). Tout vient de Lui mais rien ne change en Lui quand tout n'arrive pas à vous.

Le travail auquel nous sommes conviés est de préparer le chemin et d'aplanir la route afin que Sa gloire se manifeste dans nos vies, et que toute chair la remarque.

Une voix crie : Préparez au désert le chemin de l'Éternel, aplanissez dans les lieux arides une route pour notre Dieu. Que toute vallée soit exhaussée, que toute montagne et toute colline soient abaissées ! Que les coteaux se changent en plaines, et les défilés étroits en vallons ! Alors la gloire de l'Éternel sera révélée, et au même instant toute chair la verra ; car la bouche de l'Éternel a parlé (Ésaïe 40:3-5).

Dans le chapitre précédent, nous avons démontré par notre interprétation que le chemin ou la route dont il est question dans Esaie 40:3-5 c'est notre cœur. Nous avons aussi dit que notre cœur, c'est notre intérieur, notre partie immatérielle, donc notre âme et notre esprit. Le travail est censé être fait à ce niveau : dans l'âme et l'esprit.

Voici le travail qui doit y être fait : **Que toute vallée soit exhaussée, Que toute montagne et toute colline soient abaissées ! Que les coteaux se changent en plaines, Et les défilés étroits en vallons** Esaie 40 :4

Les vides (vallées) devaient être comblés, les hauteurs (montagnes, collines et coteaux) abaissées, les détours redressés.

Vous devez combler les vides, abaisser les hauteurs et redresser les détours se trouvant dans votre cœur. C'est le travail auquel nous convie le Seigneur pour le reste de notre vie. Tout vide, toute hauteur et tous les détours doivent subir un changement.

La version Français Courant traduit Esaie 40:1 en ces termes : **_Réconfortez mon peuple, c'est urgent, dit votre Dieu._**

Vous devez remplir le vide, abaisser les hauteurs et redresser tout détour dans votre cœur, en toute urgence.

Il y a urgence ! C'est la dernière heure, avant que Sa gloire ne se manifeste. Ne croisez plus les mains. Sortez de la paresse, du déni de la réalité, de la souffrance. Il y a risque que vous passiez à côté de Dieu, de Sa glorieuse visitation.

Paresseux, jusqu'à quand seras-tu couché ? Quand te lèveras-tu de ton sommeil ? Un peu de sommeil, un peu d'assoupissement, un peu croiser les mains pour dormir !... Et la pauvreté te surprendra, comme un rôdeur, Et la disette, comme un homme en armes.

Il y a urgence, la gloire est à ta porte. Lève-toi et ouvre-lui la porte.

Ces paroles te concernent : _Réveille-toi, toi qui dors, Relève-toi d'entre les morts, Et Christ t'éclairera_ (Eph 5:14).

Portes, élevez vos linteaux ; élevez-vous, portes éternelles ! Que le roi de gloire fasse son entrée ! (Ps 24:7)

Le Seigneur désire faire son entrée glorieuse dans votre vie pour transformer à tout jamais votre histoire, afin que toute chair soit témoin de cette transformation glorieuse.

Le Seigneur poursuit deux objectifs dans votre vie : vous transformer et se servir de cette transformation pour témoigner Sa toute-puissance autour de vous. Ne les lui privez pas par votre paresse.

Les vallées, les montagnes et les détours qui doivent être comblés, abaissés et redressés dans nos cœurs sont très nombreux et ne cessent de se multiplier dans cette vie parsemée de méchanceté et de drames. Un grand nombre de choses qui se passent dans ce monde ont pour effet la destruction des cœurs, on peut en citer quelques-unes : la guerre ; les conflits familiaux, communautaires et religieux ; la famine ; l'enrichissement rapide ; l'attrait au développement personnel ; les jugements iniques et injustes ; la liste n'est pas exhaustive.

Dans ce livre, nous allons nous attarder sur quelques reliefs dans nos cœurs que nous devons faire complètement disparaître. Ces reliefs sont : l'égoïsme ; le ressentiment et le manque de pardon ; la dépression.

Tel est le combat qui vaut la peine d'être livré dans la vie, et je vous conviens de le mener jusqu'à l'apparition de la gloire certaine et imminente de Dieu.

Le commandement que je t'adresse, Timothée, mon enfant, selon les prophéties faites précédemment à ton sujet, c'est que, d'après elles, tu combattes le bon combat (1 Tim 1:18).

C'est le commandement que ce livre vous adresse.

CHAPITRE III

COMBLER LA VALLEE : L'EGOISME

Sache que, dans les derniers jours, il y aura des temps difficiles. **Car les hommes seront égoïstes...** (2 Tim 3:1-2).

O ! Timothée du XXIe siècle, sache que nous sommes dans ces temps difficiles. Paul dressa une liste d'une dizaine de maux qui caractériseront les hommes des derniers jours, et l'égoïsme se retrouve en tête de liste. C'est très significatif. C'est en quelque sorte la raison pour laquelle nous l'avons placé en premier parmi les imperfections ou troubles de l'âme qu'il faudra combattre. Il y a urgence !

L'égoïsme est un vide, une vallée à combler, car, c'est un manque ou une absence de sécurité ou de satisfaction (même d'autosatisfaction). Il n'y a que la satisfaction (y compris l'autosatisfaction) ou l'assurance d'être en sécurité qui puisse pousser à penser véritablement aux besoins des autres.

Voici le langage de l'égoïsme : il m'en faut encore assez pour pouvoir me lancer ; je ne suis pas certain que je puisse le faire pour eux sans risque ; etc. Un tas d'excuses pour mieux se focaliser sur soi. Être centré sur soi-même, c'est cela l'égoïsme. Une perte ou un manque d'objectif pour rendre heureuse la vie des autres. L'urgence pour un égoïste c'est lui. La préoccupation légitime de la vie, c'est la sienne. L'égoïste pense : devrai-je le faire pour eux ? Qu'est-ce qu'ils feront pour moi en retour ?

Il y en a qui se préoccupent du bien-être des autres mais avec cette idée subtile dans la tête : le bien que je fais aujourd'hui doit me procurer, tôt ou tard, du bien en retour.

Les dividendes d'un bien fait sont certains. Il faut néanmoins éviter de toujours penser aux dividendes en faisant le bien. C'est égoïste.

Nous présentant le modèle à suivre pour ne pas sombrer dans l'égoïsme, le Seigneur nous dit : *Que chacun de vous, au lieu de considérer ses propres intérêts, considère aussi ceux des autres. Ayez en vous les sentiments qui étaient en Jésus-Christ, **lequel, existant en forme de Dieu, n'a point regardé comme une proie à arracher d'être égal avec Dieu,** mais **s'est dépouillé lui-même** (sans qu'on ne l'y oblige), en prenant une forme de serviteur, en devenant semblable aux hommes ; et ayant paru comme un simple homme, **il s'est humilié lui-même**, se rendant obéissant jusqu'à la mort, même jusqu'à la mort de la croix. C'est pourquoi aussi Dieu l'a souverainement élevé, et lui a donné le nom qui est au-dessus de tout nom, afin qu'au nom de Jésus tout genou fléchisse dans les cieux, sur la terre et sous la terre, et que toute langue confesse que Jésus-Christ est Seigneur, à la gloire de Dieu le Père (Phil 2 :5-11).*

Quel bel exemple de vie ! Quelle gloire !

Il n'est pas question de ne plus avoir d'intérêts personnels mais plutôt d'intégrer et d'agir pour les intérêts des autres aussi. Vos intérêts seront *souverainement* pris en charge par Dieu. Êtes-vous capable de travailler pour l'avancement des tiers et laisser (sans y penser) votre avantage à la souveraineté de Dieu ?

Jésus-Christ s'est dépouillé lui-même et s'est humilié lui-même pour l'intérêt des autres. Il n'était contraint par rien ni personne. Même pas son Père ne l'y a contraint. Il a tout fait par amour. La question que je pose : êtes-vous prêts à vous dépouiller et vous humilier *vous-mêmes* pour les autres comme Christ ? Êtes-vous prêt à sortir de votre costume tiré à 2 boutons et porter un vêtement d'éboueurs pour le bien-être des autres ? Êtes-vous prêt à être humilié par des gens qui n'ont ni votre fortune ni votre niveau intellectuel pour faire avancer les intérêts du Père ?

Quelqu'un qui dira : « attendez, Jésus-Christ est parfait, c'est pour cela qu'Il a pu le faire. Et nous, qui sommes-nous pour pouvoir le faire ? ». Vous avez raison, Il est parfait. Mais c'est Lui la norme que Dieu a établie, et que nous sommes censés suivre. C'est pourquoi Dieu l'a aussi désigné pour juger le monde selon la justice (Actes 17:31).

Je le répète : Dieu va *souverainement* s'occuper de vos intérêts.

Je mets en italique le mot « souverainement » pour mettre en exergue le fait qu'Il le fera comme Il l'a fait avec Jésus, le Messie.

Occupez-vous des intérêts de Dieu.

Il y avait du temps du souverain sacrificateur Eli deux cas de stérilité. La première stérilité était céleste et la deuxième était terrestre. La stérilité céleste concernait le culte. En effet, les offrandes et les sacrifices apportés à la maison de Dieu n'avaient aucun effet sur le peuple car les fils d'Eli avaient perverti le sacerdoce (1 Samuel 2 :12-17 ; 22). L'adoration du peuple n'était pas agréée, et son péché n'était pas expié. Le ciel était donc stérile, improductif. La stérilité terrestre concernait une femme appelée Anne. Elle était incapable de concevoir un enfant. Chaque année elle montait adorer et supplier Dieu pour son cas. Mais sa situation était restée la même. Tant qu'elle ne se préoccupait que d'elle, elle restait stérile. Il lui arriva de comprendre que sa stérilité n'était pas plus préoccupante que la stérilité céleste, alors elle fit une courte prière tournée vers les intérêts de Dieu : *si tu donnes à ta servante un enfant mâle, je le consacrerai à l'Eternel pour tous les jours de sa vie, et le rasoir ne passera point sur sa tête* (1 Samuel 1:11). Il se produisit ce double miracle : la naissance d'un enfant mal pour Anne et la naissance du grand réformateur sacerdotal. La stérilité terrestre et céleste prit fin. Mettez fin à votre stérilité en mettant un terme à celle de Dieu. Cela peut paraître insultant, mais c'est la vérité.

Jésus-Christ est mort pour tous, afin que ceux qui vivent ne vivent plus pour eux-mêmes, mais pour celui qui est mort et ressuscité pour eux (2 Cor 15).

Si vous êtes enfant de Dieu, vous devez tout arrêter et faire tout pour Lui. Nous voulons toujours plus pour nous, mais nous lésinons sur nos efforts, sur nos moyens, quand il est question des intérêts des autres et de Dieu.

Imaginez-vous dans une réunion de prière, et que vous êtes autorisé à utiliser le porte-monnaie de votre voisin riche pour offrir à Dieu. Prendriez-vous 1000Fc (équivalent de 0,35$) comme offrande ? Répondez honnêtement devant votre conscience. Vous prendrez certainement le gros billet du porte-monnaie. C'est tout à fait le contraire de ce que beaucoup de frères font quand ils offrent. Ils prennent dans le porte-monnaie de Dieu des miettes pour les Lui offrir. J'aimerais que vous le sachiez : vos biens Lui appartiennent. Utilisez-les pour Lui. Vous n'êtes que des intendants. Cessez de lésiner sur vos moyens.

L'égoïsme est la racine de tous nos problèmes

Quand l'égoïsme devient le principe de vie, les problèmes abondent dans la vie des hommes et asphyxient les relations. La première et la seconde guerre mondiale, l'invasion de l'Irak par les USA, le conflit Russo-ukrainien, l'agression de la République Démocratique du Congo par le Rwanda sont les fruits d'une vie guidée par l'égoïsme. Il existe d'autres facteurs qui le favorisent, mais la cause de la plupart des maux dans cette vie est et reste l'égoïsme. C'est l'essence même du péché.

*La femme vit que l'arbre était bon à manger et agréable à la vue, et **qu'il était précieux pour ouvrir l'intelligence** ; elle prit de son fruit, et en mangea ; **elle en donna aussi à son mari, qui était auprès** d'elle, et il en mangea (Gen 3:6).*

Braqué sur l'appât d'une intelligence ouverte, le couple n'a pas su résister pour expérimenter une nouvelle vie. Je ne suis pas contre les nouvelles expériences, mais je pense qu'elles cachent souvent la mort. Surtout quand elles sont entreprises sans Dieu. Adam et Eve ont occasionné la chute de l'humanité à cause d'une envie personnelle : avoir une intelligence nouvelle. C'était un acte issu de l'égoïsme. Après cet acte, le couple n'était plus capable de ne pas pécher. Le péché s'installa, grandit et apporta la mort physique de l'un de leurs fils.

Aujourd'hui encore le péché et la mort sont attachés à tous ceux qui sont issus du couple tombé par égoïsme. N'est-il pas dit : *C'est pourquoi, comme par un seul homme le péché est entré dans le monde, et par le péché la mort, et qu'ainsi la mort s'est étendue sur tous les hommes, parce que tous ont péché,...* (Romains 5:12)

Tout le mal que vous pouvez faire proviendra dans la plupart des cas de l'égoïsme. C'est un ennemi très subtil. Vous devez le dénicher dans chaque aspect de votre vie avec l'aide de l'Esprit de Dieu.

L'égoïsme et les maux de l'église de Corinthe

Averti par les gens de la maison de Chloé -probablement une femme d'affaire- sur les problèmes épineux que connaissait l'Eglise de Corinthe (1 Cor 1:11), et saisi par Stéphanas, Fortunatus et Achaïcus (1 Cor 16:17) sur les questions qui divisaient la même église, Paul fit un diagnostic spirituel rapide de la situation auquel il prescrivit l'épitre aux Corinthiens, comme remède. Le nouveau testament ne serait pas aussi parfait sans cette épître. Tout pasteur qui se sentirait découragé par l'immaturité des membres de son église devrait la lire pour à la fois se sentir réconforté de ne pas être le seul à connaitre une telle situation, et pour trouver la solution à ses problèmes.

Voici de façon sommaire quels étaient les symptômes de l'église de Corinthe : la division, la comparaison, l'immoralité, les procès en justice entre frères de l'église. Les questions soulevées par Stéphanas, Fortunatus et Achaïcus se rapportaient : au mariage, aux viandes sacrifiées aux idoles, au déroulement des cultes (le port de voile par la femme, la sainte cène, la nature et l'utilisation des dons et l'attitude de la femme pendant le culte). Quel était le diagnostic de Paul à tous ces symptômes ? **L'EGOÏSME**. Le remède qu'il leur apporta était **JESUS-CHRIST CRUCIFIE**.

Nous, nous prêchons Christ crucifié ; scandale pour les Juifs et folie pour les païens, mais puissance de Dieu et sagesse de Dieu pour ceux qui sont appelés, tant Juifs que Grecs (1 Cor 1 :23).

C'est pourquoi, disait encore Paul aux Corinthiens : *je n'ai pas eu la pensée de savoir parmi vous autre chose que Jésus-Christ, et Jésus-Christ crucifié.* (1 Cor 1:2)

Les Juifs voulaient voir des miracles s'opérer, les Grecs demandaient la sagesse, mais Paul offrait Jésus-Christ crucifié. Ce message était en scandale aux Juifs pour qui un homme pendu était considéré comme maudit par Dieu, selon leur loi (Deut 21:22-23). Il était, de plus, une folie pour les Grecs qui ne pouvaient jamais comprendre qu'un sauveur soit mis à mort pour sauver le monde.

Cependant, ce scandale et cette folie constituent la puissance et la sagesse pour ceux qui sont appelés. Puissance parce qu'il détruit la force du principe de l'égoïsme dans le croyant ; Sagesse parce qu'il remplace un style de vie égoïste par une vie menée pour Dieu à l'image de celle de Christ.

Comme nous l'avons déjà évoqué, la crucifixion de Jésus-Christ est le paroxysme de l'altruisme. Le message de la croix, c'est-à-dire la crucifixion de Jésus, est un message de renoncement. Renoncer à sa volonté pour celle de Dieu. Jésus Lui-même disait, dans les jours de sa passion : ...*Père, si tu voulais éloigner de moi cette coupe! Toutefois, **que ma volonté ne se fasse pas, mais la tienne*** (Luc 22:42).

Les Corinthiens n'avaient pas bien compris ce message de la croix. Ils avaient apparemment compris le message de la Grace comme un blanc-seing. En fait, le blanc-seing est une feuille en blanc au bas de laquelle est apposée une signature, et que l'on confie à quelqu'un pour qu'il la remplisse à sa guise. C'est ainsi qu'ils ont développé une philosophie à laquelle Paul s'est énergiquement opposé. Ils disaient : « *Tout m'est permis* », et Paul a réagi : « Mais tout n'est pas utile », et encore : « Mais *je ne me laisserai asservir par rien* ».

Les Corinthiens étaient pris dans le filet du principe de l'égoïsme. On entendait dire qu'il y avait une impudicité qui ne pouvait même pas être comprise dans le milieu païen ; c'était au point qu'un frère en Christ était amant de sa belle-mère, la femme de son père. C'est encore étonnant aujourd'hui bien que nous soyons dans une civilisation où le mal semble devenir le bien. Ils voulaient tout pour soi, ici et maintenant. L'égoïsme a une autre particularité destructrice : rendre le plaisir urgent. C'est généralement comme ça que fonctionne le principe de l'égoïsme. C'est un mensonge. Aucun plaisir n'est urgent. Il suffit de laisser passer du temps pour voir le plaisir s'évanouir.

Sache que, dans les derniers jours, il y aura des temps difficiles. Car les hommes seront égoïstes (…) aimant le plaisir plus que Dieu (2 Tim 3:1-2 et 4ss). Ne vous laissez pas tromper par vos pulsions. Si vous tombez souvent dans le filet de l'impudicité, je prie que Jésus, qui délivre du filet de l'oiseleur, vous y sorte. C'est ma prière pour vous. Mais, le début de votre délivrance commence par la compréhension du vrai problème. Le vrai problème c'est l'égoïsme. Vous ne pouvez pas l'ignorer et espérer vous en sortir. Le secret d'une bonne guérison repose dans un diagnostic correct et précis.

Il arrivera toujours que vous vous retrouviez devant un dilemme, comme Jésus dans le jardin de Gethsémané. Comme lui, refusez votre volonté et désirez celle du Père. Il s'en suivra une certaine frustration éphémère, mais le fruit de cette frustration sera la louange et la gloire. Qu'est-ce qui est plus doux qu'un cœur satisfait d'avoir obéi ?

Dites : ***Que ma volonté ne se fasse pas, mais la tienne.***

Répétez-le encore : ***Que ma volonté ne se fasse pas, mais la tienne.***

Porter sa croix, remède contre l'égoïsme

Je pense qu'il est impossible de s'exposer au message de la croix (Jésus-Christ crucifié) sans se sentir appelé à porter sa croix.

C'était la réponse que Paul attendait des Corinthiens après cette lettre. Il voulait, en effet, que ses lecteurs prennent la décision de devenir des disciples comme le Seigneur le décrit dans les évangiles.

S'adressant à une foule nombreuse qui le suivait par intérêt personnel, Jésus dit : *Si quelqu'un vient à moi, et s'il ne hait pas son père, sa mère, sa femme, ses enfants, ses frères, et ses sœurs, et même sa propre vie, il ne peut être mon disciple. Et quiconque ne porte pas sa croix, et ne me suit pas, ne peut être mon disciple* (Luc 14 :26-27).

Devriez-vous haïr votre père, votre mère, vos enfants, vos frères, votre vie pour être disciple du Seigneur ? Loin de là. L'interprétation exacte de ce verset, c'est préférer le Seigneur Jésus plus que les membres de votre famille, et même votre vie. Autrement, devenir disciple serait à l'opposé de la loi royale, la loi de Christ qui dit : ...*Tu aimeras le Seigneur, ton Dieu, de tout ton cœur, de toute ton âme, de toute ta pensée, et de toute ta force. Voici le second : Tu aimeras ton prochain comme toi-même. Il n'y a pas d'autre commandement plus grand que ceux-là* (Marc 12:30-31). Il serait donc absurde de croire qu'un disciple devrait se séparer, par haine, de sa famille.

Le Seigneur poursuit en disant : *quiconque ne porte pas sa croix, et ne me suit pas, ne peut être mon disciple.* Ici encore plusieurs interprétations sont données. Je crois que beaucoup d'entre elles sont bonnes. J'en ai entendu quelques-unes que je ne saurai pas partager dans ce livre. J'ai aussi eu affaire à un occultiste que je connaissais dès ma tendre enfance en tant que telle. Dans mon zèle, je me suis permis de lui parler du christianisme et l'inviter à abandonner son chemin (il se dirigeait même vers son lieu de culte). Après mon invitation, il s'arrêta et me regarda avec un air paternaliste. On pouvait voir dans ses yeux qu'il était pris de pitié pour moi. Il me dit : « ne lisez-vous pas ce que Jésus dit sur le fait de devenir chrétien ? Il vous a demandé de porter votre croix comme il a porté la sienne. Ta religion est donc un appel à la souffrance, mon fils. Vous ne pouvez pas m'appeler à adhérer à une religion qui ne promet que souffrance à ses adeptes, ajouta-t-il. Alors mon fils (c'était un ami à mon père), ne te dérange pas, je ne suivrai pas votre Dieu ».

C'était à la fois choquant et intrigant. Nos chemins ne se sont plus jamais croisés, et j'appris plusieurs années plus tard qu'il était décédé. Cette façon de voir est malheureusement la compréhension de beaucoup sur le christianisme, même certains enfants de Dieu. Ces chrétiens ont souvent une vie misérable et pleine de souffrances.

Vous devez veiller à ce à quoi vous croyez. C'est une mauvaise interprétation de cet appel aussi précieux du Seigneur qui consiste à porter votre croix.

Le christianisme n'a rien à voir avec la pauvreté, la misère, la souffrance et j'en passe. Comment cela pourrait être vrai si nous sommes bénéficiaires d'une alliance fondée sur de meilleures promesses ? Si elles sont meilleures, c'est parce qu'il y en avait qui étaient bonnes mais qu'elles surpassent en bonté.

Remarquez qu'il n'est pas dit que le disciple devrait porter la croix de Jésus ou de quelqu'un d'autre. Il est clairement établi que le disciple doit porter sa croix. Simon de Cyrène (un Juif venu d'une ville du Nord de l'Afrique) a été contraint de porter la croix du Seigneur (une traverse en réalité). Il ne l'a pas fait de son gré. En fin de compte Jésus a récupéré sa croix et y a été crucifié. Donc, il est inutile de prétendre porter la croix de Jésus ou d'un autre frère.

Porter sa croix signifie assumer ses responsabilités d'enfant de Dieu par amour, sans intérêts personnels. C'est apprendre la privation, même de bonnes choses, pour l'intérêt suprême de l'évangile et des autres. C'est ce à quoi Jésus nous appelle. Il l'a lui-même vécu dans sa chair. En chemin vers sa crucifixion, Jésus n'a pas revendiqué une condition supérieure à celle qu'Il avait avant son incarnation. Sentant sa mort expiatoire proche, Jésus fit cette prière : ***Et maintenant toi, Père, glorifie-moi auprès de toi-même de la gloire que j'avais auprès de toi avant que le monde fût*** (Jean 17 :5).

Je dois encore rappeler que je n'appelle pas les chrétiens à une perte d'ambitions et de rêves. Ce serait stupide car notre Dieu nous rappelle de toujours nous attendre à plus que ce que nous lui demandons (Ephésiens 3:20).

Voyons comment Paul applique cette vérité de porter sa croix aux Corinthiens afin de nous donner une meilleure compréhension de ce concept dans notre vie de chaque jour.

Porter sa croix : être motivé par l'amour et non par la connaissance.

1 Corinthiens 8:1-13

Contrairement aux juifs pour qui la consommation des viandes sacrifiées était exclusivement réservée aux fils d'Aaron et aux Lévites -excepté le sacrifice d'action de grâce- (Lév 6-7), les grecs et les romains pouvaient soit mettre en vente le reste de viande d'un animal offert en sacrifice à leurs dieux, soit le consommer lors d'un festin ayant trait au sacrifice ou soit encore en consommer avec des amis à domicile. Il semble que les Corinthiens interrogeaient Paul à ce sujet. Puisque, vraisemblablement certains en consommaient en se fondant sur le fait qu'il n'existait pas d'idole et que cela n'avait donc aucun impact sur leur foi : *Car nous savons qu'il n'y a point d'idole dans le monde, et qu'il n'y a qu'un seul Dieu (verset 4); et Ce n'est pas un aliment qui nous rapproche de Dieu: si nous en mangeons, nous n'avons rien de plus; si nous n'en mangeons pas, nous n'avons rien de moins (verset 8).*

C'était source de confusion dans l'église parce que certains frères en étaient scandalisés, prêts à battre en retraite.

Ils avaient mis l'accent sur la connaissance plutôt que sur l'amour. Le résultat de vivre par la connaissance est d'être focalisé sur soi tandis que celui de vivre par l'amour, c'est de se focaliser sur le progrès des autres dans la foi. La connaissance rend égoïste, mais l'amour pense à l'édification des autres. *La connaissance enfle, mais la charité édifie. Si quelqu'un croit savoir quelque chose, il n'a pas encore connu comme il faut connaître (Verset 1).* C'était la première réponse de Paul à cette liberté qui n'avait rien de mal en soi tant qu'elle était vécue dans l'amour.

Si les Corinthiens portaient leur croix, ils auraient su que *cette connaissance « il n'existe pas d'idoles »* n'est pas chez tous, et auraient pris garde que leur *liberté ne devienne une pierre d'achoppement pour les faibles.* Les faibles risquaient, à la vue de la liberté du frère qui avait la connaissance, de se voir mener une vie que leurs consciences reprouvent. Parce que personne ne peut vivre aisément avec une conscience dérangée, le faible finira par périr. La mort du faible ou sa perte est à la charge du frère qui vit par connaissance et non par amour. En conclusion, *si un aliment scandalise mon frère, je ne mangerai jamais de viande, afin de ne pas scandaliser mon frère.*

Il faut cependant faire une différence entre un frère accusateur et un frère faible. Le dernier te prend pour un modèle et n'a pas une connaissance qui lui permet d'agir selon la liberté de l'Esprit tandis que le premier observe tes faits et gestes pour un seul objectif : te rappeler que tu n'étais pas digne et te surprendre en erreur.

Plus loin, Paul explique comment porter sa croix en l'absence ou en présence du frère faible.

[24]Que personne ne cherche son propre intérêt, mais que chacun cherche celui d'autrui. [25]Mangez de tout ce qui se vend au marché, sans vous enquérir de rien par motif de conscience car la terre est au Seigneur, et tout ce qu'elle renferme. [26]car la terre est au Seigneur, et tout ce qu'elle renferme. [27]Si un non-croyant vous invite et que vous vouliez y aller, mangez de tout ce qu'on vous présentera, sans vous enquérir de rien par motif de conscience. [28]Mais si quelqu'un vous dit : Ceci a été offert en sacrifice ! N'en mangez pas, à cause de celui qui a donné l'avertissement, et à cause de la conscience. [29] Je parle ici, non de votre conscience, mais de celle de l'autre. Pourquoi, en effet, ma liberté serait-elle jugée par une conscience étrangère ? [30] Si je mange avec actions de grâces, pourquoi serais-je blâmé au sujet d'une chose dont je rends grâces ?

[31] Soit donc que vous mangiez, soit que vous buviez, soit que vous fassiez quelque autre chose, faites tout pour la gloire de Dieu. (1 Cor 10 :24-31)

Il est clairement établi que le chrétien n'est pas obligé de faire tout ce qui lui est permis, et qu'il peut s'abstenir des choses qui lui plaisent en vue de privilégier la paix dans le corps de Christ.

Cependant, nous voyons des gens discuter sur des sujets comme la consommation de l'alcool, de la viande, de la musique, des séries télévisées etc. Au lieu de construire, ces discussions créent davantage de divisions et d'hypocrisies. Certains en sortent choqués, d'autres encouragés à s'y adonner par leur ignorance pour ne pas dire par leur compréhension biaisée. Très peu se disent instruits et orientés. Je n'ai pas l'intention de donner mon avis à ce sujet mais je me contente de parler comme Paul : *Faites accueil à celui qui est faible dans la foi, et ne discutez pas sur les opinions* (Rom 14:1)

Si vous êtes très persuadé que votre opinion est vraie ou bonne, vous avez la possibilité de vivre avec sans la partager ni l'imposer. Vous n'êtes pas obligé de tout faire pour que l'on vous remarque quand vous vivez selon votre opinion. Voici un autre commandement du Seigneur : *Cette foi que tu as, garde-la pour toi devant Dieu...* (Rom 14 :22).

Il vous serait plus avantageux de lire avec attention l'Épître aux Romains du chapitre 14 au chapitre 15. L'égoïsme et l'égocentrisme y sont vivement combattus.

Porter sa croix, solution faces aux dérives dans le déroulement du culte

• Lors de la sainte cène

La première erreur que l'on commet souvent en interprétant les passages bibliques parlant du culte et de son déroulement dans le livre de Corinthiens, c'est celle d'adapter le déroulement actuel du culte à celui de l'église primitive en général et celle de Corinthe en particulier. Tant de choses ne se font plus de la même manière aujourd'hui. Aujourd'hui, dans nos églises, des programmes sont établis pour le prédicateur, le modérateur ou le conducteur de l'intercession et de la louange. Les églises qui ont plusieurs chorales font un programme pour chaque chorale. L'auditoire est soit en forme de théâtre soit d'amphithéâtre, ceux qui prestent ont une tenue et une place qui leur est réservée (ce qui, en mon sens, favorise l'esprit d'acteur et de spectateur pendant le culte). Les serviteurs sont connus, répertoriés et différenciés des autres frères appelés « fidèles ». Nous utilisons des instruments de musique électrique ou acoustique. La sainte cène se prépare avant le début du culte, le pain est déjà rompu en plusieurs morceaux par les diacres ; le vin (ou le jus pour les églises qui n'ont pas assez de moyens pour se procurer du vin ou qui ne veulent pas heurter les frères qui ont pris l'engagement de ne jamais consommer d'alcool) est déjà placé dans des récipients comme des calices.

Ce n'était pas le cas à l'époque où Paul écrivit la lettre de 1 Corinthiens ou du moins à l'église de Corinthe.

La sainte cène se faisait sous une forme d'agape où chaque croyant apportait sa part de nourriture. Comme le soir où le Seigneur institua la sainte cène, les Corinthiens étaient autour d'un repas qu'ils devaient partager ensemble, entre frères. De cette façon, ils rappelaient qu'ils formaient tous un corps, le corps du Christ. Le pain qu'ils rompaient et la seule coupe qu'ils faisaient circuler pendant le repas, signifiaient qu'ils étaient unis, et qu'ils partageaient le même destin dans le Seigneur. C'était un pur moment de communion fraternelle.

Cependant, quelques-uns, comme le déplorait Paul, agissaient en égoïstes. Le plus souvent c'était ceux qui avaient un peu plus de moyens que les autres. La situation était telle que les pauvres ou ceux qui n'avaient rien apporté étaient humiliés et avaient faim tandis que les autres étaient ivres du vin qu'ils avaient apporté : *car, quand on se met à table, chacun commence par prendre son propre repas, et l'un a faim, tandis que l'autre est ivre* (1 Cor 11:21).

Un désordre motivé par l'égoïsme. Ils avaient rendu ces moments, riches de symbolisme et de puissance, insignifiants et méprisables. Ils ne discernaient pas la relation qui existait entre le repas et le corps et le sang de Jésus-Christ en ce qu'ils le consommaient mal, de façon égoïste. Comment participer à un moment cultuel symbolisant l'unité sans agir dans l'unité ? Comment célébrer l'œuvre rédemptrice de Christ faite à l'endroit des méchants en agissant de façon égoïste, en ne pensant qu'à soi-même ? C'est à cause de ce manque de discernement que reflètent leurs agissements égoïstes, qu'ils mangeaient et buvaient un jugement contre eux-mêmes. Paul rajouta même : *C'est pour cela qu'il y a parmi vous beaucoup d'infirmes et de malades, et qu'un grand nombre sont mort* (1 Cor 11:30).

Quelle tragédie dans l'église ! Voyez-vous combien l'égoïsme est destructeur ? Voyez-vous comment un moment de bénédiction est transformé en malédiction ? Il est important de savoir ceci dans le Seigneur : « ce que vous faites n'est pas plus important que la manière dont vous le faites. Vous ne pouvez pas dire : l'essentiel c'est que je l'aie fait. Avec Dieu, la fin ne justifie pas le moyen. C'est le moyen qui justifie la fin. Les récompenses ne sont pas fonction du service mais de la manière de servir ».

- **Dans l'usage des dons spirituels**

Comme je l'ai souligné plus haut, le culte d'aujourd'hui diffère de celui du temps de Paul ou de l'église de Corinthe. Il y avait un besoin d'harmonie dans la passation du culte à cause, selon moi, du manque de programme d'intervenants au culte. Contrairement à plusieurs qui pensent que la manière de faire des chrétiens de l'Eglise primitive (de façon générique) est toujours meilleure que la nôtre, je pense que nos cultes, d'une certaine manière, se déroulent beaucoup plus mieux que les leurs.

En lisant les versets qui suivent certains ont pensé, à tort, qu'ils s'appliquaient aussi à nous aujourd'hui, qui passons nos cultes avec un programme et la sonorisation électrique : [26]*Que faire donc, frères? Lorsque vous vous assemblez, les uns ou les autres parmi vous ont-ils un cantique, une instruction, une révélation, une langue, une interprétation, **que tout se fasse pour l'édification**.* [27]*En est-il qui parlent en langue, que* *deux ou trois au plus parlent, chacun à son tour, et que quelqu'un interprète; [28]s'il n'y a point d'interprète, qu'on se taise dans l'Eglise, et qu'on parle à soi-même et à Dieu. [29]Pour ce qui est des prophètes, que deux ou trois parlent, et que les autres jugent ; [30]et si un autre qui est assis a une révélation, que le premier se taise* (1 Cor 14:26-30).

On peut bien remarquer que Paul cherche par son autorité apostolique à remettre de l'ordre dans l'église au moment du culte. On peut aussi remarquer la liberté dont jouissaient les frères dans l'église ; tout le monde pouvait entonner un cantique, partager une instruction ou une révélation ou même s'exprimer en langue avec, possiblement, une interprétation. Malheureusement, cette liberté a vite tourné en recherche de vedettariat dans l'église. Le but n'était plus l'édification mais plutôt le « m'as-tu vu », **que l'on me voit faire**.

Et le meilleur moyen pour se faire voir était de tomber en extase en parlant en langue. À la lumière du chapitre 14, les Corinthiens avaient un grand intérêt pour le parler en langue. Parmi les dons énumérés plus tôt par Paul, ce sont les langues qui occupaient la première place dans le cœur des Corinthiens. Or, *celui qui parle en langue s'édifie lui-même*. Leur amour pour ce don était ainsi motivé par l'égoïsme. Surtout que la plupart du temps les langues n'étaient pas suivies d'une interprétation. La réponse de Paul ne s'est pas fait attendre non plus dans cette affaire : *De même vous, puisque vous aspirez aux dons spirituels, que ce soit pour l'édification de l'Eglise que vous cherchiez à en posséder abondamment* (1 Cor 14:12). C'est-à-dire comme Christ, l'usage de vos dons doit être tourné vers l'édification des autres.

Quoi de mieux, dans ce cas, que le don de prophétie pour les Corinthiens ? Le don de prophétie a l'avantage de mettre fin à l'usage égoïste du don spirituel chez les Corinthiens, car il édifie, exhorte et console les autres. D'ailleurs, Paul qui leur proposa d'aspirer au don de prophétie, parlait en langue plus qu'eux tous (1 Cor 14:18). Ce n'est donc pas par peur d'être surpassé dans la pratique de ce don qu'il leur proposait autre chose.

De nos jours, on a à tort pensé que le don de prophétie était le meilleur don ou qu'il était supérieur aux autres dons spirituels. Dans le contexte des Corinthiens, il était la meilleure alternative et donc le don le meilleur, car il les sortait de l'égoïsme dans l'usage excessif du parler en langue. Mais dans notre contexte, il n'est pas le don le meilleur. En effet, pour nous qui vivons dans l'ère de la globalisation, de l'uniformisation, notre plus grand défi est de distinguer ce qui est de Dieu de ce qui n'est pas de Dieu. Si Paul pouvait nous écrire une lettre à partir du ciel, il nous encouragerait vivement à aspirer au don de discernement des esprits. Car nous n'avons que très peu de différence avec des psychologues. Je ferme très vite cette parenthèse.

L'usage du don doit être exempt d'esprit de vedettariat ou de la moindre racine d'égoïsme. Examinez toujours vos mobiles. Quand vous sentez un empressement à servir par votre don, discernez si c'est pour vous que vous voulez le faire ou pour Dieu. Il m'est arrivé de passer toute une année sans prêcher ou enseigner la Parole de Dieu comme j'en avais l'habitude les 8 dernières années, dans les villes où j'étais connu. Et un jour, il m'est monté à cœur de demander la chair (ce que je n'avais jamais fait) puis très vite, une voix m'a dit : est-ce pour te sentir bien que tu veux prêcher ou c'est vraiment pour la gloire de Dieu ? Ce désir disparu à l'instant.

Il est surprenant de voir que les croyants d'hier ont préféré, par égoïsme et par esprit de vedettariat, le parler en langue à la prophétie, et que ceux d'aujourd'hui préfèrent, par égoïsme aussi, la prophétie au parler en langue.

A ceux qui ont cru que le développement de Paul (dans 1 Cor 14) était une façon d'interdire le parler en langue dans l'église, il leur répond en disant : *Ainsi donc, frères, aspirez au don de prophétie, et n'empêchez pas de parler en langues.* (1 Cor 14:39)

Néanmoins, tout doit se faire pour l'intérêt des autres et pour la gloire de Dieu. C'est cela l'amour, la victoire sur l'égoïsme. Que ces paroles de Paul gouvernent votre existence et votre service divin : *Quand je parlerais les langues des hommes et des anges, si je n'ai pas l'amour, je suis un airain qui résonne, ou une cymbale qui retentit. Et quand j'aurais le don de prophétie, la science de tous les mystères et toute la connaissance, quand j'aurais même toute la foi jusqu'à transporter des montagnes, si je n'ai pas l'amour, je ne suis rien. Et quand je distribuerais tous mes biens pour la nourriture des pauvres, quand je livrerais même mon corps pour être brûlé, si je n'ai pas l'amour, cela ne me sert de rien* (1 Corinthiens 13:1-3).

Il est impossible de mieux décrire l'inutilité d'un égoïste pour Dieu en lisant ces paroles de Paul. Retenez que vous ne servez à rien tant que ce que vous faites est motivé par l'égoïsme, par le désir d'être vu et célébré.

Comblez avec moi cette vallée

Faisons cette prière ensemble : Non pas à moi, Eternel, non pas à moi, Mais à ton nom donne gloire, A cause de ta bonté, à cause de ta fidélité ! Que mon service se fasse pour ta Gloire et non pour la mienne. Je désire que tu croisses, et que moi je diminue. Je ne fais aucun cas de ma vie, comme si elle m'était précieuse. Je vis pour toi puisque tu vécus et mourus pour moi. Par l'aide du Saint-Esprit, et avec le nom de Jésus, je détecte et détruis en moi tout germe d'égoïsme. Que ma volonté ne se fasse pas, mais la tienne, et ce dans chaque aspect de ma vie. Comme un bon disciple, je porte ma croix et te suis. Je ne considère pas seulement mes propres intérêts, je considère aussi ceux des autres. Comme Christ, je donne ma vie pour le frère. Je refuse de discuter des opinions, j'accueille le faible et je veille à ne pas devenir pour lui une pierre d'achoppement, au nom de Jésus-Christ.

Au-delà d'une simple prière, ces mots, s'ils constituent le fondement de votre vie, vous verrez la majestueuse gloire de Dieu dans chaque compartiment de votre vie : dans votre ministère, en famille, dans votre profession. Les gens discuteront à votre sujet pour savoir si c'est réellement vous. Les enfants de Dieu épatent lorsque la gloire de Dieu éclate. Elle communique la beauté de Dieu, l'abondance divine, l'autorité céleste.

Puisse le Seigneur vous rappeler ces choses pour pouvoir vous maintenir dans Sa gloire. Dieu ne veut pas que vous puissiez gouter pour un temps à Sa gloire ; Il veut qu'elle demeure avec vous et vous avec elle.

CHAPITRE IV

COMBLER LA VALLEE : LE RESSENTIMENT ET LE MANQUE DE PARDON

Si toute la terre comprenait et mettait en pratique les vérités que nous allons partager dans ce chapitre, je pense qu'il y aurait plus de Paix dans le monde sans avoir besoin de l'Organisation des Nations Unies (ONU en sigle). Je ne prétends pas pour autant que cette Organisation soit inutile. Mais je crois qu'elle serait d'utilité secondaire si nous pratiquions tous ce que je m'apprête à partager dans ce chapitre.

Il est naturel qu'après avoir parlé au chapitre précédent de l'égoïsme, nous puissions aborder cette problématique. C'est une pandémie. On aurait dû mettre la même énergie pour la combattre autant qu'on l'a fait avec la pandémie de la Covid-19. Ici encore, je ne prétends pas que la Covid-19 était négligeable. Cependant, je pense humblement qu'on en a fait un peu trop, surtout en Afrique.

Le nombre croissant de psychologues dans le monde est un indicateur de l'urgence de traiter ce problème avec les meilleures méthodes. Je reconnais et loue les résultats encourageants qu'ils (les psys) obtiennent. Leurs méthodes sont bonnes et efficaces. Mais elles sont pour la plupart humaines et donc limitées. Les troubles dans l'âme comme le ressentiment, qui aboutit à un manque de pardon et à un style de vie intransigeant, peuvent avoir des effets néfastes sur l'esprit de l'homme de façon irréversible. C'est pourquoi leur traitement doit aller au-delà de l'humain pour atteindre le divin. Les méthodes divines ne sont pas tirées des rêves des médiums ou des diseurs de bonnes aventures, encore moins des «hommes spirituels». Elles ont leur source dans la Parole de Dieu. C'est une vérité puissante, vivante et immuable.

Les hommes peuvent modifier leurs méthodes, mais la Parole de Dieu ne peut être modifiée. Son efficacité ne fera jamais défaut. Si ça ne marche pas dans un cas, c'est-à-dire que celui qui s'appuie sur elle (la Parole de Dieu), s'y est mal appuyé.

Dans ce chapitre, il sera donc question de parler des origines ou des causes du manque de pardon (ou du ressentiment), de ses conséquences sur l'homme, et de la manière de s'en débarrasser selon la Bible.

Voici comment le dictionnaire définit le ressentiment : «souvenir douloureux qu'on garde des injures et blessures, avec un désir de s'en venger» ; « faible renouvellement d'un mal qu'on a eu, d'une douleur qu'on a ressentie ».

Bien que la finalité de la définition du dictionnaire soit le désir de se venger, je pense qu'il y a des millions de gens pour qui la finalité est loin de la vengeance. Néanmoins, la vengeance est le sommet qu'atteignent souvent quelques troublés dans l'âme - c'est comme cela que j'appellerai, quelques fois dans ce chapitre, ceux qui ont un style de vie intransigeant à cause du ressentiment. Certains, sans souhaiter vengeance, deviennent répulsifs, pitoyables, amers, hautains, colériques, alcooliques, adonnés aux pratiques sexuelles dégradantes, etc. Un grand nombre d'enfants de Dieu se retrouvent bloqués dans cette vallée. Ils sont nés de nouveau mais vivent dans une spirale infernale sans fin ; ils sont nés de nouveau mais en même temps remplis des blessures intérieures qu'ils ne veulent ni exposer ni traiter. L'Eglise est pleine de ce type de personne. Plusieurs parmi ces gens enseignent la Parole, parlent en langue, chassent les démons et prophétisent même.

Origine des troubles dans l'âme

Dans ce monde déchus, il est inévitable que l'on soit coupable envers vous ou que vous le soyez envers les autres. La Bible dit : Il est impossible qu'il n'arrive pas de *scandales* (Luc 17 :1). Où que vous soyez, vous n'échapperez pas à cette règle. Vous serez coupable ou injuste envers quelqu'un ou quelqu'un d'autre le sera envers vous. Je vais scinder en deux les lieux où nous sommes susceptibles d'être objet ou victimes d'une culpabilité ou d'une injustice. Le premier lieu est la famille et le deuxième lieu est la société. Par famille j'entends le lieu où nous naissons ou grandissons sous tutelle d'un ou de deux parents (père et/ou mère). Tandis que la société est tout autre lieu en dehors de la famille (l'église, le travail, le quartier, l'école, l'université). Etant donné que les injustices subies en famille ont plus d'impact que celles subies en société, je m'attarderai donc sur la famille.

- ## La famille : havre de paix et usine de fabrication des problèmes

La famille est le germoir et la pépinière des destinés dans laquelle Dieu a voulu que l'homme puisse naître et grandir. La destinée de tout homme est entre les mains de Dieu, en Jésus-Christ. À moins que l'on ne vienne à Christ, personne ne peut vivre pleinement la destinée que Dieu a prévue pour lui. Cela doit être établi.

Il n'existe aucun homme sans famille. Au commencement, Dieu a confié à un foyer (un homme et une femme) la responsabilité du déroulement de la vie dans ce monde. Il a donc confié à chaque foyer l'avenir de ce qui vient de lui. Les enfants sont les fruits d'un foyer. Leur avenir est, dans une certaine mesure, entre les mains de leurs parents. C'est la plus grande responsabilité qui soit dans ce monde, être parent. Elle l'est parce que ce sont les parents qui ont en premier le devoir d'emmener les enfants à Jésus-Christ, au salut. Je sais que dans la majeure partie des cas, ce ne sont pas les parents qui emmènent les enfants à Christ. Néanmoins, ça ne change en rien le principe divin qui veut que ce soient les parents qui conduisent leurs enfants à Christ.

- ## L'âme de vos enfants, l'avenir du monde

Le sachant, le diable ne laissa pas de temps au premier couple de la race humaine. Il travailla avec la plus grande ruse et beaucoup de patience afin de rendre Adam et Ève incapables d'assumer pleinement leur responsabilité première. C'est ainsi qu'aujourd'hui, beaucoup de parents se battent du mieux qu'ils peuvent pour éduquer leurs enfants. Ils sont, cependant, butés pour certains à l'inconsistance et pour d'autres à l'ignorance auxquels ils ont été livrés par la chute de la race humaine et par la civilisation qui est complètement opposée aux normes bibliques de l'éducation des enfants. Malheureusement, les païens comme les chrétiens sont tous dans la même situation. L'un à cause de son incapacité à faire comme Dieu le veut et l'autre par son accommodation au siècle présent.

C'est avec raison que Paul appelle, avec larmes (selon ma compréhension), les Romains à ne pas se conformer au siècle présent. Le siècle présent à pour dieu le diable. C'est lui qui le dirige. Par incapacité et par ignorance, les parents ne se focalisent pas sur les choses qui peuvent faire qu'un enfant soit, pour la société ou le monde, un résolveur des problèmes. Au lieu de cela, les foyers fournissent à la société ou au monde des lots de problèmes en la personne de leurs enfants. Devenus grands, ces enfants ne savent pas comment faire pour arrêter de faire au monde ou aux gens le mal qu'ils leur font. Ces enfants ont pour la plupart connu et vécu des situations difficiles. A titre d'exemple, nous citerons les enfants issus d'un foyer monoparental de suite de divorce ; les enfants qui n'ont pas connu l'amour de leurs parents ; les enfants qui ont subi des graves injustices en famille par rapport à leurs propres frères ; les enfants dont les parents ont sérieusement pensée à leur avortement durant toute la période de la grossesse ; les enfants accusés de sorcellerie et rejetés par la famille ; les enfants qui ont vu leurs parents s'injurier et se battre ; les enfants victimes d'abus sexuels d'un parent lui parlant de ses difficultés sexuelles ou lui parlant avec légèreté sur la sexualité avec des images obscènes et insupportables pour leur âge ; les enfants dont l'un ou les deux parents sont morts brutalement ou très tôt dans leur enfance ; les enfants qui ont vécu avec un parent alcoolique ou malade mental ; les enfants qui ont été victimes des mépris du genre : « tu es un bon à rien » ; « tu ne réussiras jamais » ; « tu es bête comme ta mère » ; etc. En bref, les enfants qui n'ont pas reçu une éducation fondée sur les valeurs divines et bibliques.

Voici le commandement immuable du Seigneur aux parents : *Et vous, pères, n'irritez (ne blessez) pas vos enfants, mais élevez-les en les corrigeant et en les instruisant selon le Seigneur* (Eph 6:4).

Le commandement positif est d'instruire les enfants selon le Seigneur, et le négatif est celui de veiller à ne pas blesser leurs âmes. Vous ne pouvez pas prétendre éduquer vos enfants selon le Seigneur en négligeant l'aspect émotionnel de leur vie. Beaucoup de parents se contentent d'envoyer leurs enfants à l'école, leur apprendre à mémoriser 3 ou 4 versets bibliques, les vêtir, les nourrir, etc. Tout ceci n'a assez d'importance que si vous veillez à l'âme de vos enfants.

Une femme heureuse : un monde paisible

Outre le cas des enfants, qui sont très fragiles, il y a celui des femmes. On ne peut pas protéger les enfants sans penser à la protection des femmes. Une femme maltraitée, ce sont des enfants détruits. Toute l'attention doit être portée sur elles. Le monde meilleur est celui où la femme est traitée selon ce que Dieu désire.

En famille comme dans la société, la maltraitance de la femme contribue à la destruction de l'avenir du monde. Sauf pour des cas d'exception, les enfants apprennent plus de leur mère que de leur père. Imaginez une femme battue, méprisée verbalement, délaissée par son mari, violée (y compris les filles) par des criminels ou rebelles, avilie par les lois du pays etc. Rien qu'à se l'imaginer, vous avez des frissons quant à l'avenir de la famille ou de la société dans laquelle elle vit.

Les conséquences de la négligence de l'éducation émotionnelle des enfants, de la maltraitance des femmes, de la non-réparation des injustices et des mauvaises réactions aux injustices subies sont visibles et désastreuses, dans nos sociétés.

Les conséquences des blessures intérieures

Les conséquences des blessures intérieures dans la société sont énormes. Dans certains coins du monde, elles freinent pratiquement le développement ; dans d'autres elles font disparaitre la paix. Voici quelques conséquences des blessures intérieures :

1.   Elles fabriquent des vauriens dans la société

Je peux l'affirmer sans crainte d'être contredit : 90% des dictateurs, des drogués, des alcooliques, des criminels ou des rebelles et des prostitués ont subi des injustices en famille ou en société, qui les ont blessés dans leur intérieur. Ces blessures n'ont certainement pas été traitées de la manière qu'il fallait. Elles leur ont dicté un style de vie adapté aux circonstances de leur vie, qu'ils ne pouvaient, selon leur entendement entaché, vivre une autre vie que celle qu'ils mènent. Ils mènent donc une vie dictée par le mensonge de la douleur survenue.

D'autres sont encouragés, par des tiers (y compris Satan), à ce style de vie médiocre dans le but de se venger (plus souvent contre les mauvaises personnes, c'est-à-dire les innocents) afin de retrouver la « paix » intérieure. Quand ils arrivent à leur fin, ils se rendent compte qu'ils n'obtiennent pas la paix mais se rajoutent un nouveau fardeau, la culpabilité. Étant pris dans ce cercle vicieux, ils se disent qu'ils n'ont d'autre choix que de continuer dans cette voie. De manière instinctive maintenant et sans remords, ils tuent, violent, volent, kidnappent, se prostituent, prostituent les autres. Et comme il est de coutume dans ce monde de « faire oublier la douleur » par des substances narcotiques, certains pour se défaire de leur culpabilité et d'autres pour « oublier » l'injustice subie, se livrent à toutes sortes de drogues et à l'alcoolisme.

Si vous fouillez dans leur passé, vous trouverez une enfance difficile pour plusieurs d'entre eux. C'est l'excuse « parfaite » sur laquelle s'appuient souvent les blessures intérieures pour encourager à une mauvaise vie. Cependant, rien ne doit justifier un style de vie médiocre.

2.   Elles fabriquent des trouble-fêtes

Par définition, un trouble-fête est une personne qui vient mettre un terme à la joie et aux plaisirs d'une réunion ou d'une solennité. Nous rencontrons ce genre de personne le plus souvent dans nos églises. Ce sont des gens avec un égo surdimensionné. Ils sont très susceptibles, c'est-à-dire qu'ils s'offensent facilement et rapidement. Ils considèrent des simples obstacles comme des injustices préparées contre eux. Ils perçoivent le désaccord comme une trahison et le dérangement comme un affront personnel. Celui qui les quitte est un traitre et celui qui leur rappel un besoin ou une attente est un outrageux. Ils sont remplis de haine et de jalousie ; incapables de se soumettre. Par leurs agissements, ils attirent souvent l'attention sur le mal qui leur est fait ou qui est fait à un autre. Rien ne peut attendre plus tard pour être réglé. Tout se règle ici et maintenant. Personne ne peut, impunément, poser le moindre acte déplacé qui ne soit réglé sur le champ. Vous devenez leur adversaire si vos réalisations font plus parler que les leurs. Pour accorder leur pardon, il faut qu'un certain nombre d'exigences personnelles soient remplies. Ils sont stricts, intransigeants sur leur position, catégoriques quant à leur décision. Leur non reste non, peu importe l'intervention d'un responsable ou d'un supérieur. Ils sont invivables tant qu'ils ne sont pas silencieux. Quand ils ouvrent leur bouche, c'est pour se plaindre d'un mal vécu ou entendu qu'il faut régler. C'est à eux que s'adresse cette phrase : *C'est déjà certes un défaut chez vous que d'avoir des procès les uns avec les autres. Pourquoi ne souffrez-vous pas plutôt quelque injustice ? Pourquoi ne vous laissez-vous pas plutôt dépouiller ?* (1Cor 6 :7).

Pour les enfoncer, certains frères doutent de leur chrétienté du fait de leurs agissements. En effet, ce sont des chrétiens (la plupart), nés de nouveau mais avec une âme pleine de blessures. Ils ont peut-être vécu avec un père très sévère, qui n'avait aucune tolérance. Un père qui sanctionne chaque faiblesse avec hargne et qui loue chaque prouesse. Avoir vécu avec un tel parent peut vous communiquer un genre de vie mécanique, une vie dénuée de grâce.

Les enfants qui n'ont pas reçu assez d'amour du père ou de la mère peuvent aussi développer un tel caractère. Ceux qui sont trop gâtés par leurs parents deviennent souvent des trouble-fêtes, incapables de se soumettre ou d'accepter de se faire surpasser. Plusieurs raisons peuvent en être la cause mais rien ne justifie un tel caractère.

3.   Elles fabriquent des parents irresponsables

On a souvent avancé que la pauvreté et la vie chère ont engendré des parents incapables à subvenir aux besoins de leurs enfants et que les plus faibles mentalement parmi eux ont décidé de jeter carrément l'éponge. C'est un mensonge auquel il ne faut donner aucun crédit, peu importe les statistiques donnés. J'ai vu des parents pauvres et vivants avec handicap payer les frais scolaires de leurs enfants, les nourrir. Peu importe la religion ou la pauvreté dans laquelle un parent se trouve, il a en lui la capacité de pourvoir au besoin de ses dépendants. Etre pourvoyeur ou provident est l'une des fonctions divines accordée à chaque parent (père) de la terre. En effet, tout homme, croyant ou non, est fait à l'image de Dieu (Jacques 3:9). Le reconnaitre et le croire fait toute la différence dans la pratique. Un parent qui ne le sait pas ou qui ne le croit pas, ne sera pas capable de subvenir aux besoins de ses enfants. La pauvreté et la vie chère ne sont pas des excuses acceptables.

Des parents irresponsables, qui maltraitent leurs enfants, engendre toujours des futurs irresponsables. Si vous êtes né d'un père irresponsable, il vous sera difficile d'être responsable. N'est-ce pas qu'on se reproduit selon son espèce ? Il est beaucoup plus facile de reproduire le système dans lequel vous avez vécu par rapport à ce que vous avez appris. Pourquoi ? Parce que ce que vous avez vécu a touché à la fois votre corps, votre âme et votre esprit pendant plusieurs années. Ce à quoi vous habituez votre âme, bon ou mauvais, elle le reproduit sans effort. Vous n'avez pas besoin de réfléchir longtemps pour réagir par une insulte si vous avez vécu avec une mère injurieuse. Vous aurez plutôt des difficultés à vous maitriser si vous apprenez plus tard qu'il était mal d'injurier.

Devenus grands, les enfants maltraités ont tendance à prendre à la légère les besoins des autres. Ils ont du mal à être pris de compassion devant la difficulté que traversent leur prochain. Christ était souvent pris de compassion devant les nécessiteux car son Père, notre Dieu, est responsable. Ils se disent qu'avec ou sans eux, leurs enfants grandiront et s'en sortiront. C'est la compréhension émotionnelle des agissements de leurs parents qui dicte leurs actions. Ce que leur cœur blessé leur a appris, c'est ce qu'ils perpétuent. Or, les conclusions d'un cœur blessé sont dangereuses autant qu'un extrémiste islamique armé dans une assemblée réunie pour célébrer la Noël.

4. Les relations instables

Le nombre de divorce et des jeunes gens frappés par la déception avant le mariage est révélateur de ce problème de santé publique que constituent les blessures intérieures. Beaucoup se sont fait une fausse image de l'amour entre sexes opposés. Les réseaux sociaux, espace où tout le monde a la parole pour exprimer ses frustrations et en faire une règle de vie, contribuent pour beaucoup à détruire, dans l'imaginaire collectif de la race humaine, les relations amoureuses. On y lit souvent : « il ne faut pas prétendre qu'un homme t'appartiennent à toi seul » ; « il ne faut pas faire tout un tas si tu apprends que ton homme te trompe ;

ils sont comme ça et on n'y peut rien » ; « les filles bien n'existent plus » ; « rien ne sert d'être sérieux (se) dans une relation aujourd'hui » ; « la femme est faite pour un homme mais l'homme pour plusieurs femmes ». Je ne saurais tous les énumérer ici. Retenez, néanmoins, qu'à cause d'eux, certains hommes et femmes entrent dans des relations avec une mentalité de déception. En plus, la plupart de ceux qui se sont improvisés coach de vie, le sont devenus après une ou plusieurs déceptions auxquelles ils ne se sont pas bien remis. Ce sont des gens, selon moi, qui ne méritent pas toute l'attention qui leur est accordée. Sans le savoir peut-être, ils étaient dans des relations d'infirmière et patient. J'entends par relation d'infirmière et patient, une relation où l'un des deux partenaires (ou les deux carrément) a la lourde charge de soigner son prochain de ses différentes blessures.

Il n'y a que le Seigneur qui puisse et qui doit soigner les blessures. Pas les hommes. C'est la raison de l'échec de plusieurs relations. Un homme ayant une femme anxieuse, capricieuse ou encore désinvolte aura tendance à passer le tiers de son temps à la corriger ou la repeindre. La conséquence sera soit que l'homme constatera l'incompatibilité avec la femme soit que la femme se sente trop importunée. Avec beaucoup d'hypocrisies, les deux peuvent continuer de vivre leur relation (mariage, copinage ou fiançailles) tout en se trompant mutuellement. Une autre finalité peut être la séparation. Aucun être humain n'est créé pour être capable de vivre dans une relation amoureuse où il fournit l'effort d'améliorer son partenaire. Ça ne doit pas être étonnant de voir des gens avec des blessures intérieures aller de relation en relation. C'est qu'ils sont désespérément à la recherche d'un infirmier. Le problème c'est qu'ils le cherchent au mauvais endroit. Si vous avez des blessures intérieures, celui qu'il vous faut chercher c'est le Seigneur et non un homme ou une femme.

Les blessures intérieures rendent aussi agressif et très possessif (ayant une jalousie maladive). C'est aussi pourquoi nous voyons et entendons des couples se battre (même pour une broutille) et s'échanger des paroles méchantes mais continuer de vivre ensemble. Le moindre petit soupçon suscite une querelle comparable au combat entre David et Goliath. Par jalousie maladive, le partenaire est dans tous ses états en voyant son « âme-sœur » dans une position que son ego blessé a mal interprétée.

La jalousie dans une relation amoureuse n'est pas mauvaise, et ce n'est pas de cela que je parle. Je parle de la jalousie maladive qui est un vilain défaut dont il faut se défaire. Elle signifie : je m'en fous de ce qui peut te rendre heureux (se) tant que cela n'a pas le même effet pour moi. Le fait par exemple que vous piquez une forte crise de jalousie parce que votre partenaire est allé se divertir avec des membres de la famille ou simplement des gens ne représentant aucune menace pour votre relation, prouve que vous êtes d'une jalousie maladive. Des cultures démoniaques en sont même arrivées à normaliser pareilles attitudes dans un couple, prétextant qu'elles pimentent la relation. Tout ce qu'il reste à ces couples, c'est le mot couple. Il n'y a plus aucun amour. Il est aussi courant, dans pareilles relations, de voir l'un des partenaires tromper. Il est très dangereux de continuer une relation aussi vidée d'amour vrai. Le risque est d'en sortir complètement mort émotionnellement.

Il est écrit : *Mieux vaut habiter à l'angle d'un toit, que de partager la demeure d'une femme querelleuse* (Prov21 :9). Il est vrai que la parole parle d'une femme mais l'idée derrière est plutôt centrée sur une relation paisible. Tout ce qu'on peut dire en bien sur des couples querelleurs, ne change en rien le fait qu'ils ne soient pas stables.

Certains hommes (femmes y compris) deviennent répulsifs consciemment à cause des blessures et d'autres les deviennent inconsciemment. Dans le premier cas, l'homme ou la femme blessée a tendance à refuser de se lancer dans une nouvelle aventure par crainte de finir comme dans sa précédente relation ou comme un proche qui a mal fini aussi. Il ou elle se dit qu'il y a plus de plaisir à souffrir seul qu'à souffrir entre les mains d'un autre. Quelle mentalité de déception ! C'est cette mentalité qui a conduit plusieurs filles dans l'homosexualité. A défaut d'une relation saine, elles se sont lancées dans des aventures amoureuses qui n'ont rien à voir avec leur cœur blessé ; l'objectif étant de placer un bouclier métallique devant son cœur au lieu de panser ses blessures et profiter à nouveau du véritable amour.

Comment y penser quand votre influenceur(se) préféré(e) a écrit sur sa page Facebook, Instagram ou X (anciennement Twitter) : « l'amour sincère et vrai n'existe pas » ? Toutes les raisons sont bonnes pour ne plus espérer trouver l'homme ou la femme de sa vie. Vous vous retrouvez dans un monde où il n'y a que vous qui avez raison et êtes victimes des autres. Au final, personne ne vous mérite.

Dans le second cas, où l'on devient répulsif inconsciemment, la tendance est d'établir un maximum de principes dans la relation. Ces principes paraissent être sages, mais ils sont en réalité des garde-fous érigés par crainte de ressentir à nouveau la douleur. Il n'y a rien de sage, tout est égoïste. Je n'ai rien contre les hommes et les femmes de principe. Je désapprouve plutôt ceux et celles qui en fixent pour placer des limites irréalistes et infranchissables dans la relation. Avec un ton sérieux, ils s'expriment ainsi : « moi, je n'aime pas ceci ou cela. Le jour où tu ne le respecteras pas, je conclurai que le temps de mettre fin à notre relation est arrivé » ; « si j'apprends ceci ou cela, je mettrai directement un terme à cette relation. J'aime le sérieux ». Quel habile manipulateur ! Il vous dit indirectement : « je n'ai pas envie d'être avec toi mais pour des raisons que j'ignore, je t'accepte mais sache qu'à chaque minute, je peux te jeter dehors ». Une acceptation répulsive.

5.   Une vie religieuse

« La fausse consolation » est souvent la voie empruntée par les victimes des blessures intérieures ou du ressentiment. Très souvent, cette voie conduit vers une vie religieuse pleine de bonnes œuvres mais dénuée de sèves spirituelles. Les personnes blessées s'y réfugient. Pour se sentir à l'aise et oublier les torts et les injustices subis, ils se lancent dans de bonnes œuvres. Leur sécurité c'est la pratique de leur religion. Par désir de paraitre en bonne santé, ils retiennent de longs versets bibliques, obtiennent des diplômes de théologie et veillent scrupuleusement à avoir une attitude positive. Dans le cœur, l'angoisse, l'amertume, la rancœur, la tristesse, le désir de vengeance ne sont pas maitrisés. Ils n'ont même pas besoin d'en guérir ou soit, ils font semblant d'en être guéris. Au lieu de rechercher et maintenir une relation profonde avec le Seigneur, le Seul qui a reçu l'onction pour guérir les cœurs brisés, ils s'adonnent à une vie d'apparence, une vie d'hypocrisie.

Le plus regrettable dans la vie d'hypocrisie, c'est que l'on évite d'être soi-même. La vie que mène un hypocrite est semblable à un rôle attribué à un acteur de film. Ce n'est pas sa vraie vie. Ils sont présents au culte matinal, aux réunions d'intercession, aux cultes d'enseignement et d'adoration. Chez eux à la maison, leurs chambres sont des champs de prière ; leurs lèvres ne parlent que du Seigneur. Mais leurs cœurs sont éloignés du Seigneur. Ils font tout pour l'apparence. Ils n'ont aucun progrès dans leur foi. Ils entretiennent des blessures intérieures comme on entretiendrait un chaton, avec beaucoup de soins.

Vous devez savoir que le bonheur que procurent le rituel religieux et le sentiment d'appartenir à une religion sont un leurre. Arrêtez de vous complaire d'une vie superficielle et artificielle, loin du Seigneur. C'est triste de vivre et mourir près d'un médecin sans jamais lui confier vos soucis. Il est pourtant dit : *L'Eternel est près de ceux qui ont le cœur brisé, et Il sauve ceux qui ont l'esprit dans l'abattement* (Ps 34 :18).

Malheureusement, la chair attire toute votre attention loin de celui qui peut vous guérir. Elle ne veut pas de votre guérison. Elle s'appuie sur son allié la religiosité pour vous garder dans le même état.

La religiosité est un péché puisqu'elle détourne l'homme de son Seigneur par coopération avec la chair. Jésus-Christ est le seul qui ait la capacité de guérir les cœurs brisés. Il dit au sujet de son agenda sur terre : *L'Esprit du Seigneur est sur moi, parce qu'Il m'a oint pour annoncer une bonne nouvelle aux pauvres ; **Il m'a envoyé pour guérir ceux qui ont le cœur brisé*** (Luc 4 :18). Après lui, personne n'a osé faire une telle déclaration, même pas le grand et respectable Apôtre Paul. Aujourd'hui encore Jésus guérit les blessures intérieures. Sortez de la religiosité, elle est sans lendemain.

Le religieux est semblable à un homme délivré d'un mauvais esprit, qui a balayé et orné sa vie (la maison) mais l'a laissée vide. Le démon chassé auparavant va chercher sept autres démons plus forts que lui, pour s'y réinstaller. Ces derniers ne sont pas appelés pour aider le premier (démon) à occuper de nouveau son ancienne demeure mais plutôt pour lui tenir compagnie dans cette maison qui est beaucoup plus propice qu'avant, car elle est balayée, ornée et vide.

La religiosité c'est balayer et orner sa vie tout en la laissant vide, sans le Seigneur. La religiosité vous rend beaucoup plus vulnérable qu'avant votre délivrance ou même votre nouvelle naissance. Il est dit que *la dernière condition de cet homme est pire que la première* (Matt 12 :43-45). Je le répète, sortez de la religiosité, car elle est sans lendemain.

Guérir du ressentiment et du manque de pardon est possible

Les blessures intérieures existent parce que le pardon n'a pas été accordé. Et là où il y a ressentiment, il y a blessure intérieure. Le ressentiment et les blessures intérieures sont la résultante d'un mauvais choix ou d'une mauvaise réaction à l'injustice. Vous ne souffrez pas parce que vous avez des blessures intérieures. Vous souffrez parce que vous avez refusé de pardonner ou de régler un problème. Ça peut sembler cruel mais c'est vrai : personne n'est responsable de vos blessures.

N'accusez pas les autres, levez-vous et laisser Dieu vous guérir

Devant Dieu, nous avons l'obligation de réagir de la bonne manière face à l'injustice. Cela peut vous paraitre étrange, mais la responsabilité de protéger ou de garder votre cœur n'est pas donnée à une autre personne. La Bible ne dit pas : trouve quelqu'un pour t'aider à garder ton cœur. Non. Qu'à cela ne tienne, celui qui vous a fait subir une injustice n'est pas non plus disculpé. Car, chacun répondra de ses actes devant Dieu.

Ici je parle de ceux qui subissent des injustices. Si vous vous retrouvez par terre à cause d'une injustice, relevez-vous et réagissez de la bonne manière. C'est la mauvaise réaction qui cloue par terre spirituellement. Ce ne sont pas les injustices subies, je me répète.

Souvent, les gens dont les cœurs sont blessés pensent ainsi : « c'est de leur faute si nous en sommes là ; c'est leur méchanceté qui nous a rendu autant aigri (es), s'ils n'étaient passés sur notre chemin, nous ne le (s) serions pas devenu (es) ; si votre père n'avait jamais agi ainsi contre moi, je ne serais pas devenue autant méchante ; ma famille aurait dû faire autrement avec moi, elle ne m'a pas donné d'autres option que réagir avec autant de dureté ; ce que je vis, c'est à cause de mon père ; il n'aurait pas dû divorcer de ma mère ; je serai resté dans cette église si au moins ils avaient reconnu leur faute contre moi etc. »

Un tas d'accusations portées contre les autres. Ça ne marche pas comme ça avec Dieu. Le Seigneur déteste quand ses enfants parlent des autres en mal, même quand leurs accusations sont vraies. L'accusateur c'est Satan et non nous, Ses enfants.

Vous êtes responsables de la suite de vos vies après des injustices subies. Si vous ne vous relevez pas, c'est votre faute. Si vous vous relevez et restez libre dans votre cœur, c'est votre gloire. Ce n'est jamais la faute d'un autre. Caïn, selon sa compréhension, se sentit victime d'une injustice de la part de Dieu, s'irrita, eut un visage abattu et développa un esprit de meurtre contre son frère dont la personne et l'offrande furent agréées par Dieu. Il était certain que sa réaction était proportionnelle à l'injustice subie. Mais, Dieu lui fit remarquer qu'il n'était pas obligé de réagir ainsi devant cette « injustice » (je la mets entre guillemets pour souligner que c'était la compréhension de Caïn et que ce n'était pas exact pour Dieu). Voici ce que rapporte la Bible à ce sujet : *Et l'Eternel dit à Caïn : Pourquoi es-tu irrité, et pour quoi ton visage est-il abattu ? Certainement, si tu agis bien, tu relèveras ton visage, et si tu agis mal, le péché se couche à la porte, et ses désirs se portent vers toi : mais toi, domine sur lui* (Genèse 4:6-7). Si vous réagissez mal à une injustice subie, le péché va se pointer devant vous, va vous assaillir et va faire de vous son esclave. Autant que Caïn, vous avez la responsabilité de bien agir pour demeurer libre du ressentiment et de ses conséquences meurtrières.

Ça va faire mal mais c'est la voie de votre guérison

Notre société habituée aux anesthésies et péridurales, craint de traiter les douleurs et les blessures du cœur. Comme je l'ai dit plus haut, c'est votre chair qui vous convainc de ne pas traiter vos blessures. Que la peur de la douleur du changement ne vous dissuade pas de travailler pour votre guérison. Le Seigneur n'utilise pas les anesthésies et les péridurales dans ses interventions médicales à l'âme. Ça fait mal mais c'est important et indispensable pour votre guérison. C'est dur d'oublier et de pardonner à ton père ou à ta mère qui a abusé de toi, qui t'a négligé ou qui t'a rejeté quand tu avais encore le plus besoin de lui ou d'elle. Mais c'est indispensable pour votre guérison.

Ne refoulez pas vos douleurs, ne faites pas semblant de ne rien subir ou ressentir dans votre cœur. N'étouffez pas vos souffrances dans l'âme. Ne faites pas comme ceux du monde. Ils disent avoir pardonné et oublié sauf que lorsque survient un événement rappelant le tort qu'ils ont subi, ils ne s'empêchent pas de ressasser la douleur voire même de raconter aux autres le mal qu'on leur a fait dans le but que l'on ressente leur douleur, qu'on comprenne leur état actuel ou leur attitude, et qu'on les accompagne dans leur apitoiement. Ce n'est ça pas oublier ! Même si vous avez réussi à tout refouler jusqu'au point de ne plus ressentir la douleur, sachez que vous n'échapperez jamais à l'hypocrisie. Vous mènerez une vie dictée par les événements passés. Nous en avons parlé plus haut.

Avant d'aller plus loin, écoutez ce que le Seigneur vous dit : *Ne pensez plus aux événements passés, Et ne considérez plus ce qui est ancien. Voici, je vais faire une chose nouvelle, sur le point d'arriver : Ne la connaîtrez-vous pas ? Je mettrai un chemin dans le désert, Et des fleuves dans la solitude.* (Esaie 43:18-19)

Je le répète, ne pensez plus aux événements douloureux passés, ne considérez plus les anciens torts dont vous avez été l'objet. Si vous ne le faites pas, vous serez surpris de ce qui sortira un jour de votre bouche et de ce que vos mains seront capables de faire. Vous quitterez d'inoffensif à meurtrier ou encore de jardinier à criminel. Voyez-vous l'écart entre ces deux positions ? Il est réduit par la culture ou l'entretien du ressentiment.

Voici deux exemples bibliques des personnes pacifiques transformées en meurtriers :

1.   Siméon et Lévi à Sichem (Gen 33:18-20 ; Gen 34)

Après sa rencontre avec son frère Esaü, Jacob s'installa dans la ville de Sichem où il acheta une portion de terre et y érigea ses tentes pour demeure. Sichem, le fils d'Hamor, aperçut Dina la fille de Jacob alors qu'elle était sortie voir ses nouvelles amies, les filles de son actuelle ville, les Cananéennes (personnes avec qui Israël ne devait pas s'allier). Ne sachant comment l'aborder calmement, Sichem l'enleva, coucha avec elle et la déshonora. Au lieu d'être pris de dégoût pour elle comme c'est souvent le cas, Sichem tomba très amoureux d'elle. Ce fils de chef de terre alla voir son père pour lui dire qu'il était épris d'amour pour Dina, la fille du nouveau voisin, et qu'il voulait absolument la prendre en mariage. Ne sachant pas que le père et les frères de sa nouvelle conquête étaient saisis de l'opprobre qu'il avait jeté sur Dina, la prunelle de leurs yeux, Sichem vint avec son père demander la main de sa « Biche », Dina.

Arrivés des champs, les frères des Dina furent irrités de voir chez eux l'homme qui a déshonoré leur sœur demander sa main. Ils se turent et entendirent parler. Sichem dit : *Exigez de moi une forte dot et beaucoup de présents, et je donnerai ce que vous me direz* (Gen 34:12). De son côté, le père de Sichem fit une proposition diplomatique et pleine d'intérêts égoïstes en disant : *Alliez- vous avec nous ; vous nous donnerez vos filles, et vous prendrez pour vous les nôtres. Vous habiterez avec nous, et le pays sera à votre disposition ; restez, pour y trafiquer et y acquérir des propriétés* (Gen 34:9).

Le cœur blessé des fils de Jacob ne tarda pas à voir derrière cette demande, l'opportunité de venger leur sœur. Ils parlèrent avec ruse à leur hôte et à son fils en ces termes : *C'est une chose que nous ne pouvons pas faire, que de donner notre sœur à un homme incirconcis ; car ce serait un opprobre pour nous* (Gen 34:14). Il est important de souligner que la circoncision d'un Cananéen ne donnait pas à un Israélite la possibilité de s'allier à lui. C'était donc une pure ruse.

Parce que la proposition ne touchait pas que Dina, ils ajoutèrent : *Nous ne consentirons à votre désir qu'à la condition que vous deveniez comme nous, et que tout mâle parmi vous soit circoncis. Nous vous donnerons alors nos filles, et nous prendrons pour nous les vôtres ; nous habiterons avec vous, et nous formerons un seul peuple. Mais si vous ne voulez pas nous écouter et vous faire circoncire, nous prendrons notre fille, et nous nous en irons* (Gen 34:15-17).

Etant très considérés, Hamor et son fils Sichem surent convaincre les hommes mâles de leur pays à se faire circonscrire afin de tirer profit de ce nouveau voisin bénit de l'Eternel, et avec qui il est très avantageux de coopérer. Naïvement, tous les hommes mâles du pays se firent circoncire. *Le troisième jour, pendant qu'ils étaient souffrants, les deux fils de Jacob, **Siméon et Lévi**, frères de Dina, **prirent chacun leur épée**, tombèrent sur la ville qui se croyait en sécurité, et **tuèrent tous les mâles. Ils passèrent aussi au fil*** *de l'épée Hamor et Sichem, son fils ; **ils enlevèrent Dina de la maison de Sichem, et sortirent. Les fils de Jacob se jetèrent sur les morts, et pillèrent la ville, parce qu'on avait déshonoré leur sœur.** (...) **ils emmenèrent comme butin toutes leurs richesses, leurs enfants et leurs femmes, et tout ce** qui se trouvait dans les maisons. Alors Jacob dit à Siméon et à Lévi : Vous me troublez, en me rendant odieux aux habitants du pays, aux Cananéens et aux Phérésiens. Je n'ai qu'un petit nombre d'hommes ; et ils se rassembleront contre moi, ils me frapperont, et je serai détruit, moi et ma maison. **Ils répondirent : traitera-t-on notre sœur comme une prostituée** ?*

Voyez-vous à quelle rapidité les deux fils d'Israël sont passés d'agriculteurs et éleveurs à assassins ?

J'ai mis en gras les actions barbares de Siméon et de Lévi pour attirer votre attention sur l'ampleur et l'ardeur de leur colère. On croirait facilement que ces actes sont issus du ressentiment qu'ont connu les fils de Jacob après que leur sœur soit violée. Mais en se posant la question de savoir pourquoi Siméon et Lévi étaient les seuls à réagir ainsi parmi tous les fils de Jacob ?

En effet, Siméon et Lévi sont nés d'une mère moins aimée par son mari, et ont certainement connu une enfance difficile du point de vue affectif. De plus, à leurs noms sont attachés un problème affectif (Gen 29:33-34). Ce contexte de vie a dû avoir un impact négatif sur Siméon et Lévi, qu'ils n'ont pas su se maitriser devant le viol de Dina, la fille de leur mère mal aimée. Peut-être même qu'ils ont jugé trop passif leur père Jacob en l'accusant de ne pas en faire assez pour l'honneur de leur sœur violée étant donné qu'elle est née de Léa, sa femme qu'il n'aimait pas assez.

En effet, Jacob, à son enfance, a été préféré par sa mère par rapport à son frère Esaü. Devenu grand, il n'a pas eu de mal à préférer Rachel à Léa. Ces fils, Ruben, Siméon, Lévi et Juda, l'ont remarqué, et ont grandi avec le cœur blessé face ce favoritisme dégradant leur mère au profit de Rachel sa sœur. En grandissant, ils ont peut-être pu enfouir ou refouler dans leur subconscient les injustices qu'ils ont connues du fait d'être nés d'une femme remplie d'amertumes puisqu'elle est considérée comme épouse de second rang et mal aimée. Mais, comme un corps (humain ou animal) noyé dans l'eau, le ressentiment enfoui dans leur subconscient ressurgit brusquement, et prit le contrôle sur eux et les poussa au meurtre et au pillage du pays où ils étaient étrangers (bien que la promesse faite à Abraham fasse de cette terre leur propriété).

Jacob, qui venait de bénéficier du pardon de son frère Esaü, qui ne jurait qu'à le tuer après qu'il lui a volé sa bénédiction, fut profondément indigné et troublé par l'acte de ses fils. A l'indignement de leur père, ils répondirent : « *Traitera-t-on notre sœur comme une prostituée ?* ». Quelle bonne excuse pour justifier un acte odieux ! C'est souvent instinctivement que les personnes blessées dans l'âme réagissent pour trouver une excuse à leur forfait. Cependant, Jacob n'était pas moins responsable de ce drame qui l'avait troublé.

En tant que mari et père, il devait aimer sa femme et témoigner son amour par des actes en présence de ses enfants. Son manque d'amour a engendré des racines d'amertume chez ses enfants. Or le Seigneur dit : *Veillez (...) à ce qu'aucune racine d'amertume, poussant des rejetons, ne produise du trouble ; et que plusieurs n'en soient infectés* (Héb 12:15). La racine d'amertume poussa dans le cœur de Léa et produisit des rejetons dans ses enfants, et ces derniers agirent en monstre à plusieurs reprises (Gen 35:21-22 ; 38:6-8).

Plus tard, Jacob, proche de la mort, réunit ses fils pour leur annoncer ce qui arrivera dans la suite des temps, et il dit : Siméon et Lévi sont frères ; leurs *glaives sont des instruments de violence. Que mon âme n'entre point dans leur conciliabule, que mon esprit ne s'unisse point à leur assemblée ! Car, dans leur colère, ils ont tué des hommes, Et, dans leur méchanceté, ils ont coupé les jarrets des taureaux. Maudite soit leur colère, car elle est violente, Et leur fureur, car elle est cruelle !* ***Je les séparerai dans Jacob***, et ***je les disperserai dans Israël*** (Gen 49:5-7). Plusieurs siècles plus tard, à l'époque de Josué, lors de la distribution des terres, l'héritage que Siméon reçut fut au milieu de celui de Juda (Jos 19 :1-9), et celui de Lévi était dispersé dans tout Israël. Siméon étant l'ainé de Juda, il ne devait pas avoir un héritage se trouvant dans celui de son jeune frère.

2. Le fratricide Absalom (2 Samuel 13)

Absalom, de sang royal de par son père David et sa mère Maaca, fille de Talmaï, roi de Gueschur (2 Sam 3:3), était renommé dans tout Israël pour sa beauté ; depuis la plante de son pied jusqu'au sommet de la tête, il n'y avait en lui aucun défaut. Il avait une sœur nommée Tamar, elle était belle. Vraisemblablement, elle avait la même mère qu'Absalom. Il arriva qu'un autre fils de David appelé Amnon (fils d'une autre femme) tomba amoureux de Tamar, sa sœur, au point de maigrir chaque jour. Il désirait vivement la connaitre (coucher avec elle) mais sa virginité l'y empêchait.

Un jour, un ami d'Amnon vint le trouver pour lui donner une stratégie afin d'atteindre ses objectifs. La stratégie se révéla bonne, car Amnon eut enfin l'occasion d'être seul avec Tamar dans sa chambre. Il coucha avec elle et la déshonora. Pensant que c'était du vrai amour, Amnon fut très vite désillusionné par l'aversion qu'il ressentit pour Tamar après l'avoir violée. Il est dit : *Puis Amnon eut pour elle une forte aversion, plus forte que n'avait été son amour. Et il lui dit : Lève-toi, va-t'en* (2 Sam:13-15).

Tristesse et chagrin dans le cœur, Tamar sortit de la chambre, ferma la porte après elle, avec larmes. Bien que déshonorée, l'intégrité de Tamar la poussa à déchirer publiquement sa tunique multicolore qui était signe de virginité pour les filles du roi. Ensuite elle répandit la cendre sur sa tête. Elle fit publiquement le deuil de sa virginité et de son honneur. David, leur père, ne fit rien pour régler cette affaire si ce n'est que s'irriter. Pratiquement la même réaction que Jacob dans l'affaire du viol de sa fille Dina.

Ayant appris ce qu'il s'était passé, Absalom trouva les mots pour apaiser sa sœur et l'encouragea à ne pas prendre trop à cœur cette affaire, car la réputation de la famille en dépendait.

Blessé dans son cœur à la fois par le viol de sa sœur et par l'inaction coupable de son père David, Absalom fit semblant d'être en parfaite harmonie avec Amnon, le violeur notoire de sa sœur, alors qu'il entretenait une haine viscérale contre lui : *Absalom ne parla ni en bien ni en mal avec Amnon; mais il le prit en haine, parce qu'il avait déshonoré Tamar, sa sœur* (2 Sam 13:22).

Contrairement à Siméon et Lévi qui n'ont pu jouer à l'hypocrisie que pendant trois jours, Absalom a patienté pendant deux (2) années pour venger sa sœur. Il planifia en silence pendant deux années comment il tuera calmement son frère Amnon ! Pendant cette période, Absalom vécut, en apparence, en parfaite harmonie avec son frère. Il n'avait jamais évoqué le cas de viol avec qui que ce soit. Quel sang-froid exceptionnel pour une victime qui vit chaque jour en présence de son bourreau ! Oui, Absalom ne prenait pas Tamar comme la seule victime d'Amnon ; il se considérait aussi comme sa victime. C'était une question, ici encore, d'enfants nés de la même mère. Voyez-vous ?

Sa stratégie lui réussit sans surprise. Lors d'un événement organisé par Absalom, auquel avait pris part Amnon, ce dernier avait égayé son cœur par le vin. Les serviteurs d'Absalom reçurent alors de lui l'ordre de tuer Amnon sans crainte, avec fermeté, et en montrant du courage. A la vue de cet acte, tous les invités d'Absalom prirent la fuite et retournèrent à Jérusalem, auprès du roi David. C'était effroyable.

Vous devez apprendre à guérir de vos blessures et à pardonner à ceux qui sont coupables à votre égard. Ne retenez pas les gens dans vos cœurs ; ne dites pas que le temps va vous aider à oublier ; ne faites pas preuve d'un mental d'acier alors que vous êtes blessés. Absalom ne serait pas devenu meurtrier de son frère et aurait évité le pire s'il avait décidé de pardonner ou de régler ce différend avec son frère.

Il vécut trois ans loin de Jérusalem, en craignant d'être tué, car son père l'avait fait poursuivre. Au bout de ces trois années de fuite, Joab réussit à convaincre David qu'Absalom puisse revenir à Jérusalem, la ville de paix. Malheureusement il dut passer deux années encore, bien qu'à Jérusalem, sans voir la face du roi, son père. Quelle vie pénible pour un prince ! Si vous ne pardonnez pas, vous resterez enfant de Dieu, prince de Dieu, mais vous ne verrez pas sa face, vous serez privé de ses faveurs. Votre ciel deviendra dur comme de l'airain. Choisissez le pardon pour vivre sous un ciel ouvert.

Pardonnez c'est oublier la douleur et se libérer du ressentiment

Vous entendrez des gens dire avoir déjà pardonné le mal qu'on leur a fait alors qu'ils prient Dieu pour qu'Il les venge. Il est écrit : *à moi la vengeance, à moi la rétribution, dit le Seigneur* (Rom 12 :19). Selon moi (pour que ça ne prête pas à confusion) la vengeance appartient au Seigneur dans le sens où Lui seul doit y penser et Lui seul doit l'exécuter. Vous n'avez pas le droit d'y penser dans vos prières. Si non, vous ne serez pas différent d'Absalom ; vous risquerez de vous surprendre en train de planifier le mal.

Il y a encore une phrase très répandue chez moi en RDC qui dit : « Pardonner ne signifie pas oublier ». Ce mensonge est cru et exécuté par des millions de chrétiens. Dieu, qui est omniscient, dit : « **je ne me souviendrai plus de leurs péchés** » (Hébreux 8:12). Soit nous ressemblons à Dieu, notre Père, soit nous ressemblons à Absalom. Faisons un choix.

A cette époque moderne, des millions d'humains meurent à cause du fait qu'un ou deux individus n'ont pas su digérer les événements douloureux. Adolph Hitler, par exemple, n'a pas supporté la défaite de l'Allemagne lors de la première guerre mondiale, qu'il s'est efforcé de relever son pays dans le concert des nations au prix du sang des millions d'innocents. Il y a aussi l'exemple du confit rwandais à la base du génocide contre les Tutsis en 1994. Deux ethnies qui avaient toutes deux des raisons de s'en vouloir se sont battues les unes pour la protection de leur pouvoir pris après des siècles de misère et les autres pour retrouver le pouvoir perdu « injustement » après des massacres. Toutes les deux ethnies ont chacune gardé un souvenir douloureux des injustices subies.

« Ne pensez plus aux événements passés, et ne considérez plus ce qui est ancien » est une instruction divine pour stopper toute haine, toute amertume, toute rancœur, et ouvrir la porte au pardon. Nous devons toujours y penser dans nos rapports entre humains. C'est la voie de la paix qui mène inéluctablement à la Gloire que Dieu a prévue pour nous.

Il y a des personnes dans la Bible qui ont connu le rejet, le mépris, l'injustice en famille, la trahison mais qui n'ont pas entretenu le ressentiment, et qui ont pardonné à leurs bourreaux ; quelques fois sans qu'ils y soient contraints par la société. A titre d'exemple, nous parlerons de Joseph, fils de Jacob.

Suivez l'exemple de Joseph, soyez conscient de la présence de Dieu et libérez-vous du ressentiment

Joseph, fils cadet de Jacob dans sa vieillesse et fils unique de Rachel, la femme bien-aimée de Jacob. C'est donc sans surprise que Jacob, habitué au favoritisme, témoigna un amour exagéré pour Joseph au détriment de ses frères : *Israël (Jacob) aimait Joseph plus que tous ses autres fils, parce qu'il l'avait eu dans sa vieillesse ; et il lui fit une tunique de plusieurs couleurs* (Gen 37:3). Une tunique de plusieurs couleurs peut paraitre anodine pour nous aujourd'hui mais pas pour les frères de Joseph. Cette tunique hors du commun et l'amour de son père lui ont valu la haine de ses frères au point qu'ils n'arrivaient jamais à lui parler avec amitié. Comme si cela ne suffisait pas, Dieu lui accorda une destinée plus glorieuse que ses frères ; Il ne s'empêcha de la lui montrer en songe, à plusieurs reprises. Joseph, par naïveté de la jeunesse, raconta ses rêves à ses frères, et ces derniers réagirent avec virulence : *Est-ce que tu régneras sur nous ? Est-ce que tu nous gouverneras ?* Sans qu'il ne leur réponde, ses *frères « le haïrent encore davantage, à cause de ses songes et à cause de ses paroles »* (Gen 37:8). La haine était tellement forte que les simples paroles utilisées pour relater le songe suscitèrent de la haine avant que le songe ne soit compris. Peu importe, sachez que la haine des hommes n'empêchera pas à l'amour de Dieu de vous propulser et de vous préserver. Louez soit notre Dieu.

Ayant encore l'esprit et l'âme lucides, Jacob interpréta le second songe de son fils Joseph avec précision mais sans tact car en présence des frères ennemis de Joseph. J'imagine que c'est cette interprétation publique qui signa l'arrêt de mort de Joseph. Notre père Jacob ne devait pas le faire, se dirent-ils peut-être.

Un jour que les frères de Joseph partirent paitre le troupeau à Sichem (lieu du massacre en Gen 34), Jacob envoya Joseph s'enquérir de l'état de santé de ses fils et du troupeau. Quand il aperçut enfin ses frères, ceux-ci trouvèrent la meilleure occasion de l'éliminer. Ils dirent : *Voici le faiseur de songes qui arrive. Venez maintenant, tuonsle, et jetons-le dans une des citernes ; nous dirons qu'une bête féroce l'a dévoré, et nous verrons ce que deviendront ses songes* (Gen 37 :19-20).

Quand ils saisirent de lui, la première chose qu'ils firent c'est le dépouiller de sa tunique de plusieurs couleurs. Ils le dépouillèrent donc de son honneur et le jetèrent dans une citerne vide. Sauvé de justesse par Juda, il fut vendu à des Ismaélites (hommes sans alliance avec Dieu) qui se dirigeaient en Egypte. Humilié et angoissé dans son âme, Joseph supplia ses frères de ne pas lui faire subir ce sort, mais ils refusèrent de l'écouter (Gen 42:21). C'est donc avec angoisse et amertume que Joseph descendit en Egypte. C'est dans l'angoisse qu'il entra dans la maison de Potiphar comme un esclave acheté, lui, le fils bien aimé d'un père riche. On vint informer Jacob du décès de son fils en lui présentant la tunique multicolore ensanglantée. Cœur brisé et esprit abattu, Jacob refusa de recevoir les consolations de ses enfants en disant : *C'est en pleurant que je descendrai vers mon fils au séjour des morts ! Et il pleurait son fils* (Gen 37:25). Quelle déclaration !

La vie du jeune Joseph alla d'injustice en injustice. Sa condition s'améliorait mais se terminait toujours par l'injustice. Dans la maison de Potiphar, Joseph avait pouvoir sur tout et remplissait correctement ses fonctions, mais la femme de son maitre fit qu'il finisse en prison. En prison, il devint chef des prisonniers et il témoigna de la compassion à deux prisonniers de haut rang. Lui qui n'était pas capable d'interpréter ses songes dans la maison de son père, aiguisa son don et offrit de bons services à ses amis de prison en interprétant leurs songes avec précision.

Il est important de souligner que Joseph aurait pu accepter de tomber avec la femme de Potiphar ; traiter durement les prisonniers sous sa surveillance et ne pas améliorer son don d'interprétation des songes. Il pouvait se montrer méchant au regard des injustices qu'il avait subies de la part de ses frères. Il pouvait, comme son père, déclarer ne plus rien faire de sa vie jusqu'à ce qu'il se venge de ses frères. Il pouvait se laisser dominer par la haine, la rancœur, l'angoisse et le ressentiment. Il le pouvait en tout cas. Cependant, il ne le fit pas parce qu'il sut apprécier la présence de Dieu à ses côtés, et il réussit à la mettre à profit.

Dans la maison de Potiphar comme dans la Prison, l'Eternel fut avec lui. Dans Genèse 39:2 et 21-23, il est écrit : *²L'Eternel fut avec lui, et la prospérité l'accompagna ; il habitait dans la maison de son maître, l'Egyptien... ²¹L'Eternel fut avec Joseph, et il étendit sur lui sa bonté. Il le mit en faveur aux yeux du chef de la prison. ²² Et le chef de la prison plaça sous sa surveillance tous les prisonniers qui étaient dans la prison; et rien ne s'y faisait que par lui. ²³ Le chef de la prison ne prenait aucune connaissance de ce que Joseph avait en main, parce que l'Eternel était avec lui. Et l'Eternel donnait de la réussite à ce qu'il faisait.*

Il ne serait pas sérieux d'affirmer que Joseph n'était pas pris de colère ou de désir de vengeance après tout ce qu'il avait subi de la part de ses frères et en Egypte. Ce serait une interprétation sophistiquée. N'eut été la gouvernance de soi,

Joseph aurait fini par se venger. Cependant, au lieu d'entretenir le désir de vengeance ou de cultiver le ressentiment après toutes les injustices subies, Joseph apprit et laissa cette parole diriger sa vie : ***Quand les justes crient, l'Eternel entend, Et il les délivre de toutes leurs détresses ; L'Eternel est près de ceux qui ont le cœur brisé, Et il sauve ceux qui ont l'esprit dans l'abattement*** (Ps 34 :17-18).

En fait, Joseph avait conscience de la présence permanente de Dieu à ses côtés, peu importe la douleur ; il Lui faisait confiance et Lui parlait comme à son père de tous ses problèmes. Pour Joseph, l'Eternel était plus réel et plus près que pouvait l'être sa tunique. C'est cette conscience que vous devez développer. Car, l'Ecriture dit : *Quelle est, en effet, la grande nation qui ait des dieux aussi proches que l'Eternel, notre Dieu, l'est de nous toutes les fois que nous l'invoquons ?* (Deut 4:7). Cette vérité imprégna la vie de Joseph au point qu'il ne perdit pas espoir et ne se trompa point d'ennemis. Son ennemi était le ressentiment et non ses frères. Vous aussi, considérez le Seigneur comme présent et très proche de vous en tout temps. Sachez que votre pire ennemi dans l'injustice c'est le ressentiment et non l'auteur ou les auteurs de l'injustice.

Un psychologue ne peut aider un patient qu'après avoir pris soin de l'écouter avec patience, peu importe le temps que cela ne nécessitera. Quant au patient, sa responsabilité c'est de ne rien cacher quand il expose ses problèmes. Comme lors de la cure d'âme avec un pasteur, parlez à Dieu à cœur ouvert. Car le Seigneur est présent à vos côtés pour vous soutenir. Vous serez libérés de tout fardeau si vous Lui parlez sincèrement. N'est-il pas demandé au croyant de se décharger de ses fardeaux sur Christ ? S'il faut pleurer et crier pour vous décharger sur Lui, ne vous en empêcher pas. Si votre psychologue n'apprécierait pas que vous criiez en exposant vos problèmes, le Seigneur, Lui, les attend et ne vous fera aucun reproche quant à ce.

Imaginez, une seconde, Joseph se décider de tout abandonner ou déclarer perdre goût à la vie au point de vouloir abréger ses souffrances en se donnant la mort après les injustices subies !! Le songe de Pharaon ne serait pas être interprété, la famine aurait frappé toute l'humanité, Jacob avec ses fils seraient morts de faim, le Messie ne serait pas venu ou du moins ne serait plus venu de la descendance choisie d'Abraham, et Dieu se serait tromper en promettant à Abraham une postérité qui sauvera le monde. Quelle tragédie pour l'humanité !

Voyez-vous comment l'attitude d'un homme est déterminante pour le reste de l'histoire ? Tout l'avenir d'Israël, l'avenir du monde, et la réputation de Dieu (si je peux me le permettre) dépendaient de l'attitude de Joseph.

Jacob déclara : *C'est en pleurant que je descendrai vers mon fils au séjour des morts ! Et il pleurait son fils.* Il décida de passer le reste de sa vie dans une attitude de pleure, d'angoisse et de chagrin. Cette attitude le rendit incapable d'écouter et d'apprécier les paroles de Dieu. A cause de son attitude, le Seigneur dans sa souveraineté décida de révéler à Pharaon, un roi méchant et impie, la famine qui devait secouer le monde. Louez soit Dieu !

Libérez-vous du chagrin, du ressentiment, de l'angoisse et de la haine. Ces choses sont dangereuses pour votre destiné et celle de vos dépendants. Veillez sur la qualité de votre cœur.

La réaction de Joseph envers ses frères, venus chercher du blé en Egypte, peut être interprétée, à tort, comme la preuve qu'il ne les avait pas pardonnés. Cependant, une meilleure lecture de l'histoire, laisse apparaitre que Joseph ne s'était pas préparé à une rencontre aussi forte en émotion. C'est ce qui justifie cette improvisation : *Vous êtes des espions ; c'est pour observer les lieux faibles du pays que vous êtes venus* (Gen 42 :9). Vraisemblablement, Joseph n'était pas un bon acteur. Il réussit, néanmoins, à peaufiner sa stratégie dans le but de contraindre ses frères à faire venir leur père en Egypte ; il fit arrêter d'abord Siméon, puis garda avec lui Benjamin, son frère cadet qu'il n'avait pas connu.

Cette dernière décision mis ses frères dans tous leurs états ; ils ne pouvaient pas se permettre de retourner auprès de leur père sans son fils chéri, Benjamin. C'était une manière de tuer physiquement leur père qui était déjà psychologiquement et émotionnellement mort. A la vue de leur réaction, Joseph, ému, éleva sa voix, en pleurant et dit : « *Je suis Joseph, votre frère, que vous avez vendu pour être mené en Egypte. Maintenant, ne vous affligez pas, et ne soyez pas fâchés de m'avoir vendu pour être conduit ici, car c'est pour vous sauver la vie que Dieu m'a envoyé devant vous (...) Hâtez-vous de remonter auprès de mon père, et vous lui direz : Ainsi a parlé ton fils Joseph... »* (Gen 45 :4-9).

En d'autres termes : « pardonnez-vous du mal que vous m'aviez fait, car Dieu l'avait planifié pour votre bien. Pour moi, j'avais réussi à le faire depuis bien longtemps maintenant. Autant vous avez meurtrie le cœur de mon père, allait lui redonner vie en lui annonçant que je vis encore, et que je suis devenu ce qu'il avait interprété de mes songes d'enfance : un homme élevé et respecté de tous ». Quel cœur guérit !

Pardonner est un art céleste, c'est culture divine. Nous devons l'apprendre et le cultiver. Puisque c'est un art et une culture divine, il faudrait le pratiquer selon Dieu.

Abordons à présent la partie pratique de ce chapitre.

Comment pardonner efficacement selon la Bible

Un jour à Capernaüm, sous un climat doux, lors d'une journée un peu triste, car, le Seigneur annonça à ses disciples son arrestation, ses souffrances et sa résurrection ; Pierre, comme pour profiter des moments qui lui restait avec le Seigneur, s'approcha de Lui et dit : *Seigneur, combien de fois pardonnerai-je à mon frère, lorsqu'il péchera contre moi ? Sera-ce jusqu'à sept fois ?* (Matt 18 :21)

Il semble que Pierre avait une idée de comment y procéder puisque sa question s'intéresse plutôt au nombre de fois qu'à la manière dont il faut pardonner. Il avait probablement une connaissance Pharisaïque à ce sujet. Jésus n'étant pas de cet avis, lui rétorqua : *Je ne te dis pas jusqu'à sept fois, mais jusqu'à septante fois sept fois* (490 fois). Que ce soit en une journée ou après plusieurs années, ce nombre de fois est très élevé pour qu'un humain pardonne à son frère un tort sans garder la moindre rancœur ou le moindre ressentiment. C'est humainement épuisant et irréaliste. Heureusement que le pardon n'est pas une question humaine mais plutôt divine.

Il est important de vous faire remarquer que dans ce nombre de fois à pardonner, le Seigneur n'a pas exclu les fautes jugées graves et scandaleuses. Tout doit être pardonné. Bien que les fautes ne restent pas impunies au regard de nos lois, le pardon s'impose.

Quand bien même, la parole de Dieu donne la possibilité de divorce en cas d'adultère, elle n'exclue pas de pardonner le mal subi. Ça peut sembler contradictoire mais ce n'est pas moins vrai. Cette façon de pardonner, que Jésus enseigne à Pierre, n'est rien d'autre qu'une identification vivante et spirituelle avec Dieu le Père dans le quotidien de chaque chrétien.

Jésus poursuivit son enseignement par cette parabole : *23C'est pourquoi, **le royaume des cieux est semblable à un roi qui voulut faire rendre compte à ses serviteurs.** 24 Quand il se mit à compter, **on lui en amena un qui devait dix mille talents.** 25 Comme il n'avait pas de quoi payer, **son maître ordonna qu'il fût vendu, lui, sa femme, ses enfants,** et tout ce qu'il avait, et que la dette fût acquittée. 26**Le serviteur, se jetant à terre, se prosterna devant lui,** et dit: **Seigneur, aie patience envers moi, et je te paierai tout.** 27Emu de compassion, **le maître de ce serviteur le laissa aller, et lui remit la dette.** 28Après qu'il fut sorti, **ce serviteur rencontra un de ses compagnons qui lui devait cent deniers. Il le saisit et l'étranglait, en disant : Paie ce que tu me dois.** 29 **Son compagnon, se jetant à terre, le suppliait,** disant : **Aie patience envers moi, et je te paierai.** 30**Mais l'autre ne voulut pas, et il alla le jeter en prison, jusqu'à ce qu'il eût payé ce qu'il devait.** 31 Ses compagnons, ayant vu ce qui était arrivé, furent profondément attristés, et ils allèrent raconter à leur maître tout ce qui s'était passé.*

*³²Alors **le maître fit appeler ce serviteur, et lui dit : Méchant serviteur, je t'avais remis en entier ta dette, parce que tu m'en avais supplié;** ³³ NE DEVAIS-TU PAS AUSSI AVOIR PITIE DE TON COMPAGNON, COMME J'AI EU PITIE DE TOI ? ³⁴ Et son maître, irrité, **le livra aux bourreaux, jusqu'à ce qu'il eût payé tout ce qu'il devait*** (Matt 18 :23-34).

Quel riche enseignement sur l'art du pardon ! Pour souligner les points saillants, qui permettent d'avoir une meilleure compréhension sur l'art et la culture du pardon, j'ai mis en gras quelques phrases dans la parabole. Bien comprises, ces vérités procurent délivrance et paix intérieure, gages d'une vie chrétienne épanouie et pleine d'impacts.

En vue de s'assurer de la bonne gestion des biens de son royaume, un roi décida de faire un audit à son administration financière. Ses auditeurs lui amenèrent un de ses sujets qui devait justifier dans sa gestion un manquant équivalent à 10'000 talents. J'aimerai vous faire remarquer, par les lignes qui suivent, que cette parabole présente la pire de toutes les mauvaises gestions des biens rapporté dans les Ecritures.

A l'époque où Jésus racontait cette parabole, le talent était une monnaie de très grande valeur et n'était pas à la portée de tout le monde. J'en veux pour preuve que les ouvriers agricoles étaient payés et se contentaient d'un salaire journalier estimé en denier, soit 1 denier par jour (Matt 20 :1-10). **En outre, 1 talent était l'équivalent de 6'000 deniers. De ce fait, 1 talent pouvait donc suffire pour le salaire annuel de 19 ouvriers agricoles sans compter les jours de sabbat. L'inculpé devait 10'000 talents au roi, soit 60'000'000 deniers. Une somme qui pouvait payer**

annuellement au moins 190'000 ouvriers agricoles sans compter 52 sabbats, fut dilapidée comme ça, sans aucune explication. Quelle mégestion ! Quel manque à gagner pour le roi et son royaume ! Ne sachant comment agir, le roi décida que soit vendu cet homme, avec sa femme, ses enfants et tous ses biens pour essayer de compenser l'énorme perte.

A l'écoute de sa sentence, le serviteur se prosterna et supplia son maitre en disant : *Seigneur, aie patience envers moi, et je te paierai tout.* En considérant la somme qu'il lui devait et son incapacité à bien gérer les finances, son maitre pris la surprenante décision de lui faire une remise totale de la dette et ne lui exigea rien en retour. N'est-il pas écrit : *Car il sait de quoi nous sommes formés, Il se souvient que nous sommes poussière* (Psaumes 103:14). Louez soit Dieu. C'est un pardon exceptionnel, comparable à pardonner 490 fois les bêtises d'un frère.

Libérez complètement et définitivement de sa sentence, des jours après, il rencontra, comme par hasard, un de ses compagnons qui lui devait 100 deniers, à peu près le salaire trimestriel d'un ouvrier agricole. Lui qui n'a pas été brutalisé par le roi malgré la grosse somme qu'il lui devait, saisit son compagnon, l'étrangla au point de l'asphyxier, et lui criait dessus avec cruauté et hargne, en disant : « *paie ce que tu me dois* ». Son débiteur se sauva de justesse de ses mains, se jeta à terre, et se mit à le supplier avec instance : *aie patience envers moi, et je te paierai.* Pour couronner sa cruauté, il jeta son débiteur en prison sans prêter attention à ses supplications. Etant donné que la dette n'était pas si grande et qu'il n'était pas un mauvais gestionnaire, il la lui paya et sortit de prison.

Quelques sujets du roi qui assistèrent à la scène avec tristesse et neurasthénie, allèrent lui rapporter tout ce qui s'était passé. Le roi convoqua l'homme et lui rappela la très grande miséricorde dont il lui fit bénéficier, et lui demanda si c'était impossible qu'il rendît la pareille à son compagnon ? En conséquence, son maitre le livra à des tortionnaires. Ces tortionnaires devaient veiller que cet homme fasse des travaux forcés, qu'il retourne dans sa prison, et qu'il n'y sorte une fois qu'il règle son problème. Quelle condition extrêmement difficile pour un habitué au luxe !

Remarquez que cette fois-ci le roi ne l'a pas jeté en prison avec sa femme et ses enfants comme il le pensait après avoir constaté sa mégestion. Si vous ne pardonnez pas, vous porterez seul fardeau de vos mauvaises actions. Cependant, vos dépendants en seront indirectement affectés.

S'instruisant de cette parabole, nous pouvons dégager deux conséquences spirituelles attachées au ressentiment ou au manque de pardon :

1. **Votre condition spirituelle ressemblera à l'humanité avant la mort de Jésus sur la croix :**

C'est-à-dire que vous serez spirituellement encore dans vos péchés. Le robinet de miséricorde divine dans votre vie sera fermé. Vous vous créerez un monde dans lequel toute grâce divine est absente ; d'une certaine manière, vous vous mettez sous la colère divine. Je dois préciser que cela n'est pas la volonté de Dieu mais plutôt une loi spirituelle. Dieu ne veut mettre personne (ses enfants) sous Sa colère. Cependant ses enfants ont la liberté de choisir ce qui leur convient. Cette loi est clairement énoncée dans le nouveau testament : *Et, lorsque vous êtes debout faisant votre prière, si vous avez quelque chose contre quelqu'un, pardonnez, afin que votre Père qui est dans les cieux vous pardonne aussi vos offenses. Mais si vous ne pardonnez pas, votre Père qui est dans les cieux ne vous pardonnera pas non plus vos offenses* (Marc 11 :25-26). *Heureux les miséricordieux, car ils obtiendront miséricorde !* (Matt 5 :7).

Que vous soyez bon ou méchant, si vous décidez de vous jeter du dixième étage d'un immeuble, avec beaucoup de chance, vous sortirez vivant de cette chute mais inévitablement avec plusieurs fractures ; sinon vous mourez carrément. Ceci s'applique à tout celui qui décide de se jeter, et ce, partout dans le monde.

Il n'est pas question ici de retourner à l'état de non sauvé (non régénéré). Car, du point de vue légal, vos péchés sont pardonnés, effacés et oubliés, vous êtes enfant de Dieu. Mais du point de vue vital, dans la vie pratique, vous portez la pleine responsabilité de vos péchés à cause de votre décision de ne pas pardonner. C'est comme refuser de vous décharger d'un lourd fardeau qu'on a décidé de porter à votre place sans exigence financière.

Du reste, cet homme de la parabole n'a pas cessé d'être citoyen du royaume auquel il dépendait. C'est la qualité spirituelle de votre vie qui est impactée par le manque de pardon. A votre mort, c'est le paradis qui vous attend. Mais, avec une condition inférieure par rapport à ceux qui auront exercé la miséricorde (Dan 12:3).

2. **Vous devenez un prisonnier spirituel sous la garde des démons :**

C'est la suite logique du fait de vivre sous le poids de ses péchés. Après s'être irrité, le roi livra ce mauvais serviteur entre les mains des bourreaux (tortionnaires) pour qu'ils veillent à ce qu'il paie ce qu'il lui devait tout en étant en prison. Le mot bourreaux comme tortionnaires fait référence à des personnes cruelles, inhumaines et excessives, à qui il revient la charge d'exécuter une sentence. C'est une image qui renvoie facilement aux démons. Ça semble, une fois de plus, étrange que des citoyens du royaume soient livrés par Dieu à des démons. C'est pourtant ce qui arrive, sans doute, à tout homme en situation de manque de pardon ou d'intransigeance. C'est aussi une loi spirituelle, c'est pourquoi Jésus ajoute à la fin : ***C'EST AINSI QUE mon Père céleste vous traitera, si chacun de vous ne pardonne à son frère de tout son cœur.*** Il le fera à chaque fois qu'il y a nécessité. Et il n'y a rien de surprenant ou d'incorrect dans ça. C'est une loi à laquelle Dieu est profondément attaché et pour laquelle Il est respectueux.

Dieu est le Maitre des esprits, Il est Adonaï. Il mit un ange de Satan pour souffleter Paul et l'empêcher de s'enfler d'orgueil (2Cor 12 :7) ; Il exauça la prière des démons qui Le supplia de les jeter dans un troupeau de pourceaux (Matt 8 :31-32) ; Il permit à Satan de toucher tout ce qui appartenait à Job (Job 1:6-12); Il autorisa à un esprit de séduction de se transformer en esprit de mensonge pour égarer le roi Achab et le conduire droit vers sa mort (1 Rois 22 :19-23). Il est Adonaï !

Vous devez prendre la décision révolutionnaire de pardonner chaque offense contre vous. Pour ce faire, vous devez compter sur le Saint-Esprit car il est humainement impossible de se rappeler 490 offenses contre soi. Pardonner 489 offenses ne vous libère pas pleinement de votre prison. Votre cœur est un abîme très profond dans lequel votre chair se plaît d'enfuir les douleurs des offenses subies. Seul celui qui sonde tout, même les profondeurs de Dieu, peut vous aider, dans vos faiblesses, en vous rappelant ce qu'il faudrait pardonner (1 Cor 2 :10 et Rom 8 :26). Il a le ministère de vous rappeler ce qui est convenable pour vous selon Dieu (Jean 14:26). Pour votre libération, vous avez intérêt à vous adresser à Lui. Il est prêt à vous aider dans tous vos besoins. Il ne force et n'oblige personne à l'appeler, Il est plein de douceur et de patience. Tout celui qui est humble de cœur Le verra dans sa vie pour l'assister. La colombe (le Saint-Esprit) descendit sur l'agneau (Jésus-Christ), un animal doux et humble. Demandez-Lui de vous rappeler tout manque de pardon enfui dans votre subconscient auquel vous n'avez plus accès, qui bloque votre épanouissement spirituel, affectif, financier, etc. Demandez-le-Lui avec instance, sans vous arrêter tant que tout n'est pas encore éclairé. Témoignez-Lui votre passion et votre détermination à pardonner. Le Seigneur est juste et fidèle pour vous les révéler. Dieu ne parle pas qu'aux prophètes, il nous parle à tous. Soyez attentif, discernez le moindre soupçon de réponse de Sa part. Il va vous parler. Sera-ce le jour ou la nuit ? En rêve ou en étant éveillé ? Par un passant ? Par un événement similaire ? Peu importe, ne soyez pas inconsidérés, mais discernez quelle est la réponse de l'Esprit (Eph 5 :17).

Jésus-Christ, notre modèle pour le pardon des offenses

Quand Il vous révélera les offenses (oubliés), vous aurez besoin de sagesse pour pouvoir vous libérer et libérer les autres de la prison de l'intransigeance.

Pour chaque acte spirituel qui doit être posé sur terre correspond un modèle divin. Les résultats divins s'obtiennent par les procédures divines. Vous ne décidez pas de la marche à suivre pour atteindre le but de Dieu. Il vous présente le but, et vous dicte la voie pour y parvenir. Pour vivre éternellement avec Lui, Dieu a imposé un seul chemin : Jésus-Christ. Pour pouvoir pardonner les offenses, il n'y a qu'un seul modèle : Jésus-Christ.

Vendu par son propre disciple ; accusé injustement par de témoins avec des fausses accusations ; condamné à mort par les autorités religieuses de sa race ; humilié par le crachat au visage, dévêtu de sa tunique de grand prix, flagellé mortellement, cloué à la croix au milieu des brigands, Jésus-Christ s'en était remis à son Père en ces termes : *Père, pardonne-leur, car ils ne savent pas ce qu'ils font* (Luc 23:34).

J'aimerais attirer votre attention sur le fait que le Seigneur se soit particulièrement adressé au Père pour exprimer Son pardon envers ceux qui l'ont injustement maltraité, et qu'Il n'a pas daigné crier comme Il le fit quand Il se lamenta de son état : *Eli, Eli, lama sabachthani ?* Et quand il rendit l'esprit. Tout s'est fait entre Lui et son Père, sans que ses bourreaux n'entendent ni ne comprennent. Il n'a pas seulement imploré la miséricorde (la bénédiction) du Père sur eux, Il a exprimé (extériorisé) Sa décision de pardonner.

Pour pardonner comme Christ vous devez :

- Vous adresser à Dieu dans votre prière ;
- Etre sincère et confiant d'être écouté ;
- Citer le nom de votre bourreau (si vous n'en avez qu'un) ;
- Regretter votre attitude après avoir été offensé ;
- Dire la chose pour laquelle (s'il n'y en a qu'une) vous lui pardonnez ;
- Décider de ne plus y revenir et de passer véritablement à autre chose ;
- Bénir la vie de votre bourreau (s'il est encore vivant, car on ne prie pas pour les morts).

Votre prière ressemblera à ceci : Père, je viens au nom de Jésus et avec mon cœur, pardonner X ou Y pour m'avoir rejeté quand j'avais encore beaucoup besoin de lui ; je regrette mon attitude de haine (citez votre attitude) après ce qu'il m'a fait subir et, m'appuyant sur toi, je décide de ne plus m'en souvenir avec sentiment de tristesse et de vivre en paix avec lui (s'il est encore vivant). Parce que tu es un Dieu de grâce et que tu nous exiges d'être parfaits comme toi, je te prie de bénir la vie de X ou de Y, fais-lui voir ta bonté dans sa vie et qu'il expérimente ta faveur. Amen.

Je ne connais pas une chaîne ou une prison qui soit capable de rester fermée après une prière aussi puissante. Si la porte de la prison résiste, c'est la fondation qui sera ébranlée. Alléluia !

Devant ce modèle de prière, le Fils de Dieu n'a pas pu se retenir, et s'est levé (Lui qui est décrit comme assis à la droite de Dieu) pour recevoir l'esprit du diacre Etienne qui, après avoir rendu un vibrant et saisissant hommage au Seigneur, fut lapidé et mourut (Actes 7:55-60).

Sauf avec un esprit de douceur et un cœur exempt de chantage, vous ne devez pas accorder votre pardon directement au coupable c'est-à-dire ne pas se présenter devant lui pour lui dire : pour telle ou telle autre chose que tu m'as fait subir, je te pardonne car je suis un enfant de Dieu. Non. Si non c'est du pur chantage. Ce n'est pas le modèle de Christ. Il est écrit : Soyez bons les uns envers les autres, compatissants, vous pardonnant réciproquement, comme Dieu vous a pardonné en Jésus-Christ (Eph 4:32). Comment Dieu nous a-t-il pardonné en Christ ? En venant vers nous, récitant nos fautes contre Lui ? Non. Dieu nous a pardonné en Christ par la mort de ce dernier à la croix et grâce à Sa requête de miséricorde au Père envers nous. Sans exister, nous étions du nombre de ces impies qui ont crucifié le Seigneur. C'est pourquoi Paul dit : *Car lorsque nous étions encore sans force, Christ, au temps marqué, est mort pour des impies* (Rom 5:6).

Imaginez une seconde qu'un Dieu Saint, comme l'est Jésus-Christ, vienne vous énumérer les fautes qu'Il vous pardonne ! Au lieu de produire en vous une attitude de gratitude, vous vous sentirez encore davantage coupable, et vous demeurerez certainement dans votre culpabilité.

O profondeur de la richesse, de la sagesse et de la science de Dieu ! Que ses jugements sont insondables, et ses voies incompréhensibles ! (Rom 11 :33)

Il n'est pas facile d'admettre pareil enseignement sans se faire esclave de la sagesse et de la science de Dieu au préalable. Ce qu'Il prévoit et fait est toujours de très loin le meilleur à suivre.

La seule raison pour laquelle vous devez vous présenter devant votre bourreau –après que vous l'ayez pardonné devant Dieu-, c'est pour implorer son pardon à cause de votre attitude ou votre réaction après son tort. En le faisant, vous n'avez pas besoin de lui rappeler le mal qu'il vous a fait (rappelez-vous que vous avez déjà dit au Seigneur que vous décidez de ne plus vous en souvenir). N'ayez pas non plus l'attitude d'un maitre chanteur.

C'est là que vous vous sentirez encore davantage libéré dans votre cœur, et que lui se sentira aimé et libéré aussi. Ne sommes-nous pas des dispensateurs des grâces ? Alors partageons la grâce autour de nous. Que les gens autour de nous se sentent bénéficiaires de la grâce de Dieu au travers de nous (1 Pierre 4:10).

Pardonnez et continuez à pardonner. Il y a une forte puissance derrière le pardon. Le pardon ouvre les portes, abaisse les collines, comble les vallées, fraye des chemins là où il n'y en avait pas.

Plus que son martyr, l'expression du pardon d'Etienne a ouvert une grande porte et a frayé un grand chemin pour l'Evangile dans le monde. Sans son pardon, le jeune Saul ne serait pas devenu le grand apôtre Paul. Parce que participant au ministère des apôtres, cette parole du Seigneur valait aussi pour Etienne : *Ceux à qui vous pardonnerez les péchés, ils leur seront pardonnés ; et ceux à qui vous les retiendrez, ils leur seront retenus* (Jean 20:23).

Vous avez à votre disposition, puisque vous êtes participant au ministère apostolique, une puissance capable de faire avancer grandement l'œuvre de Dieu dans le monde. Cette puissance c'est votre promptitude à pardonner sous l'impulsion du Saint-Esprit, selon le modèle de Jésus-Christ et en vous adressant au Père.

CHAPITRE V

ABAISSER LA MONTAGNE OU LA COLLINE : LA DEPRESSION

*Qui es-tu, **grande montagne**, devant Zorobabel ? **Tu seras aplanie**. Il posera la pierre principale au milieu des acclamations : Grâce, Grâce pour elle ! (Zacharie 4 :7). **Car les armes avec lesquelles nous combattons ne sont pas charnelles** ; mais elles sont puissantes, par la vertu de Dieu, **pour renverser des forteresses. Nous renversons LES RAISONNEMENTS et TOUTE HAUTEUR** qui s'élève contre la connaissance de Dieu, et **nous amenons toute pensée captive à L'OBEISSANCE DE CHRIST** (2 Cor 10:4-5).*

Toutes les montagnes ne sont pas mauvaises ; il n'y a que celles qui se lèvent devant nous qui sont mauvaises. Sans appels, ces montagnes doivent être aplanies. C'est la volonté manifeste du Seigneur, que les montagnes ne soient pas seulement jetées dans la mer ou déplacées mais qu'elles soient aussi aplanies, abaissées, nivelées au point qu'elles ne soient plus jamais, pour personne, des obstacles.

De Zorobabel à Paul, cette volonté du Seigneur est restée la même. Les montagnes devant vous doivent être aplanies ou renversées. Zorobabel n'avait pas reçu le seul ordre d'aplanir la grande montagne devant lui ; il avait aussi reçu ordre de poser la pierre principale au milieu de la louange.

De même, Paul ne considérait pas le fait de renverser les forteresses (les raisonnements avec une fondation très profonde, très solide, et une hauteur très imposante) comme une fin en soi. Il les rendait aussi captives à l'obéissance de Christ. Dans votre marche chrétienne, ne vous contentez jamais de renverser ou aplanir une montagne sans la remplacer par CHRIST ou les valeurs de CHRIST. Il faut renverser et remplacer. C'est le principe qui va gouverner ce chapitre.

Zorobabel et Paul avaient en vue Jésus-Christ après l'aplanissement des montagnes. Car, Jésus-Christ est la pierre principale qu'ont rejetée ceux qui bâtissent (Psaumes 118 :22-23 ; Matt 21:42). Nous aussi, nous devons avoir en vue Jésus-Christ face aux montagnes qui se lèvent contre nous.

Ce texte révèle aussi que le cœur (âme ou esprit) est le champ de bataille de chaque enfant de Dieu. C'est dans le cœur que le monde, les religions et le diable placent des raisonnements qui deviennent des forteresses avec le temps. Gloire à Dieu que les enfants de Dieu n'ont pas d'armes charnelles, mais puissantes pour pulvériser tout ce qui s'oppose à leur épanouissement vers la stature (hauteur) parfaite de Christ. C'est un travail acharné qui renverse et aplanie les montagnes. Ce n'est pas un travail d'une journée, c'est un travail de chaque jour.

Chaque jour nous faisons face à plusieurs montagnes qui se lèvent contre nous ; chaque jour nous devons utiliser les armes de Dieu contre ces montagnes. La montagne dont il sera question dans ce chapitre s'appelle la DEPRESSION.

Définition de la dépression

La dépression peut être définie comme un trouble psychique ou mental caractérisé par une perte d'intérêt pour tout type d'activité, et accompagné d'une vive douleur morale dans la vie quotidienne. Cette perte d'intérêt est fréquente dans le milieu chrétien, et plusieurs facteurs peuvent être à son origine.

C'est une forme de découragement qui va par degrés. Il atteint son paroxysme dans l'abattement ou le désespoir et dans la mélancolie. C'est à ce niveau que certains prennent des décisions fatales pour leur vie ou leur ministère. Il va donc sans dire que tout chrétien fera l'expérience de ce découragement (dépression) dans sa marche avec Dieu. C'est notre capacité à vaincre ce découragement (à tous ses niveaux) qui déterminera le niveau de gloire qui sera nôtre (Esaie 40:4-5). Comment vaincre la dépression quand on ne connait ni ses causes ni ses symptômes ?

Causes ou facteurs risques de la dépression

Les causes peuvent être d'ordre biologique et psycho-sociales. Les causes biologiques ne feront pas partie des points développés dans ce livre. En revanche, les causes psycho-sociales y sont abordées parce qu'elles sont à l'origine d'un grand nombre des cas de dépression, que ce soit dans la Bible ou dans la vie actuelle. Etant donné qu'au chapitre précédent nous avons abordé des points, qui peuvent aussi être considérés comme source de dépression, comme la maltraitance (rejet, mépris, mutilation etc.) d'un enfant, une vie conjugale difficile, décès d'un proche de grande importance ou encore toute forme d'injustices subies, nous ne les citeront pas parmi les causes psycho-sociales. Retenons, néanmoins, qu'ils peuvent être à l'origine de la dépression.

Voici les quatre (4) causes psycho-sociales de dépression généralement rencontrées dans les milieux chrétiens :

1. Compréhension biaisée des concepts résultat, succès et progrès

Presque 80% des chrétiens que j'ai questionnés, pour savoir quelles étaient les raisons qui les ont poussés au découragement une fois dans leur marche avec Dieu, m'ont dit avoir été insatisfaits des résultats obtenus après tous les efforts fournis. Je n'ai pas été étonné parce que nous vivons dans un monde où le résultat est étroitement lié au numérique et aux possessions visibles. Par exemple le nombre de personnes qui ont répondu favorablement à un message (appel au salut lors d'un culte par exemple), le nombre des participants à un culte, le nombre d'adhésions à un groupe, le nombre des choses apprises, le nombre d'enfants atteint par un service, posséder des appareils de dernière génération, avoir plus d'argent, etc. sont la preuve que vous avez progressé ou que vos résultats sont bons. Il n'y a pas plus faux que ça pour vous frustrer ! Si ces choses arrivent pour d'autres que la société considère comme des gens qui ont réussi, cela ne signifie pas que réussir pour vous équivaut à obtenir ou posséder les mêmes choses ou presque et de la même manière.

J'ai discuté avec une dame qui était convaincue qu'elle conduisait mal la prière parce que ceux qui étaient réputés bien conduire la prière emmenaient les participants au culte à prier avec beaucoup d'ardeur tandis qu'à son tour les gens étaient relativement froids et mous. Cette conclusion avait suffit pour la convaincre d'arrêter de conduire la prière pendant les cultes.

Avant d'aller plus loin, j'aimerais que vous notiez qu'avec Dieu le succès n'est pas catalogué, et ne doit pas être considéré par rapport aux autres, mais toujours par rapport à soi-même. Vous voyez ce que je veux dire ? Le succès n'est pas dans la quantité mais plutôt dans la qualité de la quantité. Il est très rare de voir des gens possédant peu être fiers de la qualité de ce qu'ils ont ; la qualité importe souvent quand ils en ont beaucoup.

Je dirigeais un ministère en 2015, et nous avions une activité que nous réalisions chaque fin d'année. Pour cette année-là, nous avions pris la décision de louer une salle de fête comme faisaient aussi les autres ministères pour leurs grandes activités. Nous avions pu à peine louer la salle et les instruments de musique. C'était un miracle pour nous à cette époque. On avait fait tout le nécessaire pour que l'activité se fasse très bien. Malheureusement, les participants n'avaient pas atteint le 1/10 de la capacité d'accueil de la salle. Le prédicateur était parfait et profond, mais nous, les organisateurs, étions ailleurs, tristes et confus. Je ne me souviens même plus des frères qui ont remis leur vie à Jésus ce jour-là. La qualité ne m'avait plus intéressé à cause de la quantité. J'ai passé plusieurs mois déprimés et redoutant un prochain échec.

Un frère se plaignait que les choses n'avançaient pas au Ministère qu'il dirigeait au point qu'il envisageait sérieusement d'abandonner, et je lui ai demandé : « Les choses devaient avancer comment ? Y a-t-il un modèle précis que le Seigneur t'ait montré ou tu te bases sur ce que tu sais sur le progrès ? ». Sa réponse était : « Non. Je pense que les gens autour de moi ne comprennent pas ce qu'il faut faire et de mon côté je me suis dit avoir déjà fait tout ce qui était recommandé pour réussir ».

Vous de devez savoir que TOUT DEPEND DE DIEU, mes frères et sœurs. Quand vous estimez que le progrès dans votre Ministère est dans la croissance numérique et la prise de conscience rapide de vos collaborateurs, Dieu le voit, peut-être, dans votre capacité à tenir bon devant le manque de croissance numérique et devant l'enfantillage de vos collaborateurs. Tout dépend de ce que Dieu a fixé pour chaque période dans votre vie. Eh oui ! Vous l'avez deviné, le succès est aussi attaché au temps. A une période de votre vie, vous aurez l'impression de n'avoir pas bien fait les choses à cause du manque des résultats. Mais sachez une chose : le résultat auquel vous devez plus faire attention est l'évolution de votre confiance en Dieu. Car Dieu prend plaisir à voir notre confiance en Lui grandir. Peu importe que l'on pleure de douleur, Il continuera à y prendre plaisir tant que cela nous aide.

2.   Sentiments d'incompétence due au manque de ressources

Il n'est pas facile ni fréquent d'entendre les leaders chrétiens avouer qu'ils sont prêts à abandonner parce qu'ils se sentent incapables. Ce qui est sûr, c'est qu'il y en a plusieurs qui sont à bout et réfléchissent à abandonner le service. Avec l'habitude, il devient un peu difficile d'abandonner complètement, certes, mais le fait de décider de se focaliser sur d'autres choses, en plus de celles habituelles, est une autre forme d'abandon.

Le sentiment d'incompétence est un envahisseur qui asphyxie votre âme, vous prive de motivation et de courage, et vous convainc que vous êtes vraiment insignifiant par rapport à la mission ou à la vision. C'est l'arme redoutable que le diable utilise souvent contre ceux qui sont dans leurs premières années dans le Ministère. Quand survient ce sentiment, sachez que le diable n'est pas loin, il loge à la maison d'à côté. Il utilise cette arme en vous encourageant à passer en revue tout ce que vous avez fait et qui s'est soldé par un échec, sans jamais prêter attention à la moindre chose qui a bien marché avec vous.

Il vous aide aussi à conclure que les autres ont pu bien faire parce qu'ils étaient faits pour réussir et vous non. Alors en vous, nait un sentiment d'insignifiance à côté de celui d'incompétence. Vous concluez qu'il est inutile de poursuivre avec le même zèle, ou carrément vous concluez qu'il faut arrêter. La baisse délibérée du zèle pour l'œuvre n'est pas différente de l'abandon de l'œuvre.

Le grand Moïse a aussi connu une expérience de dépression due au sentiment d'incompétence. Le peuple qu'il a fait sortir de la maison de la servitude -en traversant la mer rouge à pieds secs et en lui faisant voir des signes miraculeux- regrettait de nouveau la nourriture qu'il mangeait en Egypte au point de se plaindre du pain des anges (Ps 78 :25 PDV) en disant : *Maintenant, notre âme est desséchée : plus rien ! Nos yeux ne voient que de la manne* (Nb 11:6). Moise se sentit incapable devant ces plaintes répétitives, il s'attrista, et dit à l'Eternel : ***Pourquoi affliges-tu ton serviteur,*** *et pourquoi n'ai-je pas trouvé grâce à tes yeux,* ***que tu aies mis sur moi la*** *charge de tout ce peuple?* [12] *Est-ce moi qui ai conçu ce peuple ? est-ce moi qui l'ai enfanté, pour que tu me dises : Porte-le sur ton sein, comme le nourricier porte un enfant, jusqu'au pays que tu as juré à ses pères de lui donner ?* [13]***Où prendrai-je de la viande pour donner à tout ce peuple*** *? Car ils pleurent auprès de moi, en disant : Donne-nous de la viande à manger !* [14] ***Je ne puis pas, à moi seul, porter tout ce peuple, car il est trop pesant pour moi.*** [15] ***Plutôt que de me traiter ainsi, tue-moi, je te prie***, *si j'ai trouvé grâce à tes yeux,* ***et que je ne voie pas mon malheur*** (Nb 11 :11-16). Par quatre interrogations, Moïse exprima à Dieu son incompétence à poursuivre la mission et son désir d'arrêter carrément. Ce problème qu'a connu Moïse est, peut-être, le quotidien de certains parents, prédicateurs, prophètes, serviteurs de Dieu qui se voient incapables de subvenir aux besoins et aux aspirations de leurs dépendants par manque de ressources financières. Ils sont prêts à abdiquer ; ils se minimisent et ont honte d'eux. D'autres décident de mettre un terme à leur vie au lieu de vivre avec cette honte et ce sentiment d'incapacité.

3.   Dépendance à l'encouragement et à l'approbation des autres

Il n'y a aucun mal à désirer l'encouragement et l'approbation des autres. Quelque fois nous gagnons en confiance en écoutant les avis et considérations des autres sur nous et sur ce que nous faisons. Le mal nait quand on ne sait plus être confiant et rassuré dans ce que nous faisons s'il n'y a pas d'encouragements ou l'approbation d'autrui. La confiance en soi exclut la dépendance à autrui. Si le moindre désaccord vous décourage et vous pousse à abandonner, sachez que vous avez franchi la frontière, et que vous êtes à la merci de la dépression et de ses ravages ; vous êtes entre les bras du diable en personne. Soit vous travaillez pour Dieu, soit vous travaillez pour les hommes. Il vous faut faire un choix. Si c'est pour Dieu que vous travaillez, l'encouragement et l'approbation des autres est secondaire. Quand Paul fit face aux commentaires désobligeants des Corinthiens sur son ministère en comparaison à celui d'Apollos, sa réponse fut simple : *Moi, cela m'est égal : vous pouvez me juger, un tribunal humain peut me juger, mais je ne me juge pas moi-même. Je pense que je n'ai rien à me reprocher, mais cela ne veut pas dire que je suis innocent. Mon juge, c'est le Seigneur* (1 Cor 4 :3-4). Votre juge, c'est le Seigneur. C'est de Lui que vous êtes censé recevoir encouragements et approbations. Si les hommes vous encouragent, c'est bien. S'ils ne vous encouragent pas, c'est aussi bien. Plusieurs projets, ambitions, aspirations ont été avortés à cause de la dépendance de l'avis des autres. Comme le Seigneur Jésus, je crois que la fille de Jaïrus dormait. Je crois aussi, comme le Seigneur Jésus, qu'elle ne se relevait pas à cause des gens qui la pleuraient et la considéraient comme morte. Je crois aussi qu'il était important de chasser de la maison tout ce monde qui pleurait la fille de Jaïrus afin qu'elle se relève de son sommeil. La dépendance aux avis des autres peut vous conduire à la morgue. Sachez pour qui vous vivez.

Il y a des prédicateurs qui connaissent des douches froides quand on ne leur dit pas qu'ils ont bien prêché. L'enthousiasme qu'ils avaient sur la chaire disparait, une sombre attitude les envahi comme les nuages d'une pluie soudaine. D'une certaine manière, c'est la cause de la dépression que connut le grand prophète Elie. Il avait probablement considéré le silence d'Achab comme une approbation à l'égorgement des prophètes de Baal. Et, le fait que Jézabel lui fit des menaces, le mit dans une dépression sans précédent, car il n'avait pas supporté sa désapprobation. Il s'attendait peut-être que Jézabel eut la même réaction que son époux, le roi Achab (1 Rois 18 et 19, nous y reviendrons).

Je vous en conjure devant Dieu, devant Jésus Christ, et devant les anges élus : soyez libre des encouragements et des approbations des gens, car Christ nous a affranchis pour que nous jouissions de notre liberté.

4.   La peur de l'inconnu

Le plus grand inconnu dans ce monde s'appelle l'avenir. L'avenir, c'est ce qui va arriver dans la suite de temps. Chaque homme sur terre fait face à l'incertitude de l'avenir. J'ai vu des prophètes, prédisant l'avenir avec certitude, être inquiets de leur avenir proche. C'est en cela que l'Eternel est le Seul et Véritable Dieu ; Il annonce l'avenir avec précision sans jamais faillir (Esaïe 41 :20-27). Il est le seul qui maitrise l'avenir. L'homme, quant à lui, ne maitrise pas l'avenir, et n'est pas appelé à le maitriser non plus. C'est le désir de maitriser l'avenir qui crée en l'homme la peur de l'inconnu. Etant donné qu'il est impossible de maitriser tout ce qui doit vous arriver, il nait en vous une certaine frustration. Cette frustration grandit proportionnellement à vos problèmes. Plus vos problèmes grandissent, plus votre frustration grandit. Alors vous êtes pris par la dépression. Certes les réactions différentes d'une personne à une autre ; certains sont pris par une tristesse qui grandit jusqu'à atteindre la mélancolie, d'autres manifestent des attitudes bizarres comme la brutalité, les chamailleries, les grossièretés.

Ces deux attitudes accompagnent souvent la peur de l'inconnu : se renfermer sur soi et se décharger sur les autres. Dans tous les cas, vous devenez invivable. Se retrouver au chômage, par exemple, rend souvent le chômeur invivable. Quand la pandémie de Covid-19 obligea plusieurs personnes à rester confinées dans leurs maisons, certaines pour congé technique et d'autres pour le chômage, des hommes et des femmes devinrent invivables. Plusieurs numéros verts étaient ouverts 24 heures pour permettre à tout le monde de s'exprimer de peur de sombrer dans la solitude. Le nombre de violences conjugales avait sensiblement augmenté. Causée par la peur de l'inconnu, la dépression de certains hommes en confinement les a poussés à maltraiter leurs femmes.

A une période de sa vie (2 Rois 1 :1-15), le prophète Elie devint dépressif, et il réagit par la violence en utilisant ses pouvoirs contre des militaires inoffensifs envoyés vers lui par le roi Achazia afin de certifier une prophétie. A deux reprises, Elie fit descendre du ciel le feu pour consumer ces militaires inoffensifs. À la troisième fois, l'ange de l'Éternel dit à Élie : *Descends avec lui,* ***n'aie aucune crainte de lui.*** *Elie se leva et descendit avec lui vers le roi* (2 Rois 1 :15). La dépression rend vraiment invivable. Je n'imagine pas comment le peuple en faveur de qui Elie œuvrait, redoutait maintenant la compagnie de ce prophète dépressif.

Vous avez la responsabilité de reconnaitre quand la dépression vous assaille pour ne pas cesser d'être convivial. C'est aussi une richesse que d'être convivial. Exercer l'hospitalité n'est possible que lorsqu'on est convivial. C'est donc par la convivialité que des hommes ont logé des anges dans leurs domiciles sans le savoir (Héb 13:1-2).

Les symptômes de la dépression

Les symptômes énumérés ci-après ne représentent pas la totalité des symptômes qui accompagnent la dépression. Nous avons préféré présenter les symptômes majeurs de la dépression. Il existe plusieurs signes attestant qu'un individu est dépressif, cependant, neufs (9) (tirés de Mayo Clinic, sur Internet) d'entre eux feront l'objet de ce livre à savoir :

1.   L'humeur dépressive

L'individu est envahi d'un sentiment de tristesse ou de vide accompagné parfois de pleurs ou du ressenti du désespoir presque permanent et n'ayant quelques fois aucune explication claire ou de raison soutenue. Ce sentiment peut être présent tous les jours et toute la journée. Quand rien n'est fait pour s'en défaire, il devient chronique.

2.   Diminution de l'intérêt

La quasi-totalité des activités perd son attraction sur l'homme ou l'homme est désintéressé par ce qui faisait son plaisir et son bonheur. Ce qui lui était agréable devient désagréable, amer et inutile. C'est un moment difficile dans lequel la personne atteinte du syndrome de la dépression commente d'une voix monotone et détachée d'émotion les activités qu'elle a réalisées.

3.   Sentiment de dévalorisation

Une personne en phase dépressive a souvent tendance à ressentir un sentiment surréaliste de dévalorisation ou de culpabilité. Elle se sent inutile et incapable à faire même ce qu'elle a toujours réussi à faire avec succès. Bien des fois, elle s'accuse d'être responsable de ce qui va mal. C'est à ce stade que les dépressifs s'enfoncent davantage.

4.   Idées noires

C'est le symptôme le plus dangereux puisqu'il conduit souvent à la fatalité qu'est la mort. De façon récurrente, la personne atteinte du trouble dépressif entretient des idées de mort ou de suicide. En ayant un moment d'isolement considérable, le dépressif peut séquencier (imaginer une scène) un suicide.

5.   Trouble du sommeil

Il se peut que le sommeil soit exagérément profond ou qu'il soit carrément difficile à trouver. Une sorte de dérèglement du sommeil s'observe. Au second trimestre de l'année 2023, j'avais, pas comme d'habitude, un sommeil très léger au point qu'à partir de 4h j'avais toujours les yeux ouverts. J'ai tenté de me persuader que c'était dû au fait que ma chambre était à proximité des arbres avec beaucoup de nids d'oiseaux. Le fait est que je déprimais suite à une nouvelle pour laquelle je ne m'étais pas assez préparé. Chez d'autres, le sommeil devient plus profond que d'habitude. C'est aussi dû au fait que le dépressif préfère fuir les souffrances qu'il endure dans la vie. Il arrive aussi souvent de voir le sommeil s'interrompre la nuit à plusieurs reprises et pour un temps relativement long avant de se rendormir.

6.   Troubles cognitifs

Il s'agit des difficultés de concentration et de positionnement qui affectent la capacité à prendre des décisions. Le dépressif voit sa capacité de raisonnement diminuer sensiblement. Il est pris par un dysfonctionnement cognitif.

7.   Evolution du poids

L'évolution du poids peut se faire par diminution (ce qui arrive plus souvent) et par augmentation. Etant donné que la dépression s'accompagne de la perte d'intérêt pour les activités qui jadis apportaient plaisir et joie, le dépressif perd souvent l'appétit et mange peu. Dans le sens inverse, le dépressif peut se goinfrer.

8.   Evolution de comportement psychomoteur

Le plus souvent il se manifeste par un ralentissement des gestes et des paroles. Le dépressif a l'air de ne pas vouloir faire ce qu'il fait, on a l'impression qu'il agit malgré lui. On parle alors du ralentissement psychomoteur.

Dans certains cas, cette évolution est caractérisée par une agitation inhabituelle.

9.   Fatigue

Quand on perd l'intérêt pour la quasi-totalité des activités qui faisaient son bonheur et sa joie, il est évident que l'on ressente une fatigue quasi-permanente. Elle est due également aux troubles du sommeil que connaissent souvent les dépressifs.

Quelques personnages bibliques qui ont souffert de dépression dans l'exercice de leur ministère

1.   Le prophète Elie

Le dernier verset de la Bible où l'on cite nommément le prophète Élie me permet de le citer parmi ceux qui ont connu la dépression, sans crainte d'être attaqué par une tierce personne. Il est dit de lui : ***Elie était un homme de la même nature que nous…*** (Jacques 5 :17).

Effectivement, Elie était un homme comme nous autres, capable d'empêcher au ciel de déverser la pluie ; capable de faire descendre le feu du ciel ; capable de prier pour la résurrection d'un mort, mais aussi susceptible d'être atteint d'une sérieuse et sévère dépression.

Parce que le Seigneur connaissait mieux les défis auxquels Elie devait faire face dans son ministère, Il prit soin de lui enseigner, par plusieurs faits et événements et dans le but d'affermir sa confiance envers Lui : qu'Il était un Dieu provident, protecteur et puissant.

Voici quelques faits et événements que Dieu utilisa pour consolider la foi et le ministère du prophète Elie :

a.   Exaucement de sa prière de fermer le ciel afin qu'il n'y ait ni pluie ni un quelconque autre orage (1 Rois 17:1) :

Cet épisode donna à Elie la preuve certaine qu'il était au service du Dieu Suprême. Il était davantage évident pour Élie que l'Éternel est supérieur à Baal, et que ce dernier n'avait aucun pouvoir sur la nature comme ses frères israélites le croyaient. Baal, dieu de la fertilité, de la pluie, de la foudre, etc., était incapable de faire pleuvoir après la déclaration d'un homme, un mortel, le prophète Elie. Elie gagna en confiance dans l'exercice de son ministère.

b. Etre nourris par des corbeaux près d'un torrent (1 Rois 17 :2-7)

Avant que la sécheresse ne fasse ses effets sur le pays, Dieu démontra au prophète qu'Il était un Dieu provident en ordonnant aux corbeaux de le nourrir chaque jour, matin et soir. Selon la loi juive, le corbeau était un animal impur à la consommation. Cependant, Dieu a préféré prouver au prophète Sa souveraineté et Son attention à son égard en se servant d'un animal impur pour assurer sa subsistance. Cela lui apprit que Dieu prenait plaisir à son bien-être, que le Seigneur était passionné de son bien-être. Sa foi dut se construire davantage.

c. Subvenir aux besoins du prophète par une veuve païenne, pauvre et moribonde (1 Rois 17:8-16) :

Il s'agit d'une autre preuve de l'attachement de Dieu à l'existence et au ministère du prophète. Du torrent de Kerith à Sarepta, Dieu contrôlait la situation. Après des corbeaux, c'était le tour d'une païenne en situation de crise très avancée de s'occuper de la précieuse vie du prophète. Rien qu'en imaginant la distance entre le torrent de Kerith (en face du Jourdain cfr 1 Rois 17:5) et Sarepta, on peut s'apercevoir de la confiance du prophète au Seigneur. Il croyait tellement que le Seigneur le voulait en vie, qu'il fit plus d'une centaine de kilomètres en obéissance à la voix de Dieu. Ce qui s'y passa fut si grand que la Bible dit : Elle alla, et elle fit selon la parole d'Élie. *Et pendant longtemps elle eut de quoi manger, elle et sa famille, aussi bien qu'Elie. La farine qui était dans le pot ne manqua point, et l'huile qui était dans la cruche ne diminua point, selon la parole que l'Eternel avait prononcée par Elie* (1 Rois 17:15-16).

d. Résurrection du fils unique d'une veuve pauvre (1 Rois 17:17-24) :

Après un temps passé dans la maison de la veuve, le prophète se trouva devenir comme une malédiction pour celle pour qui il était porte-bonheur en assurant l'abondance dans son grenier. Celle qui n'avait rien demandé au Seigneur, et qui s'apprêtait à mourir avec son fils, devait maintenant organiser le deuil du fils de sa joie. En effet, la mort de son fils unique lui rappela qu'elle n'était qu'une simple païenne, bénéficiant d'une faveur venue d'un homme inconnu, possédant des pouvoirs spirituels qui ont finalement été tragiques pour elle.

La situation était tellement confuse que le prophète dut arracher le corps de cet enfant du sein de sa mère. Elle était un peu réticente devant le désormais responsable de son malheur. Après tout ce que le Seigneur Lui fit voir, Elie était confiant qu'Il était capable de le surprendre à nouveau. Il est nécessaire de rappeler que depuis Adam jusqu'à Élie, jamais dans les écritures on n'avait entendu qu'un mort soit revenu à la vie. Jamais. Ce fut la première mention de la résurrection dans les écritures. C'était inouï pour Elie, pour la veuve, et même pour tous ceux qui apprirent la nouvelle. Sarepta et tout Sidon durent être secoués par cette nouvelle. À la vue de cette puissance, le prophète connut le Seigneur comme l'Éternel qui innove. Sa foi dans la puissance de Dieu se renforça et son ministère fut célébré au-delà de son territoire.

e.   Protection contre les agents d'Achab qui le fit chercher dans toutes les nations et tous les royaumes (1 Rois 18:7-10) :

Abdias, chef de la maison d'Achab, dit à Elie : *L'Eternel est vivant! Il n'est ni nation ni royaume où mon maître n'ait envoyé pour te chercher; et quand on disait que tu n'y étais pas, il faisait jurer le royaume et la nation que l'on ne t'avait pas trouvé.* Malgré tout ce qu'Elie fit à Sidon, les gens envoyés par Achab pour le faire arrêter ne le virent pas. Il faut préciser que Sidon était une nation proche d'Israël, et que Jézabel la femme du roi Achab y était originaire par son père Ethbaal, roi des Sidoniens (1 Rois16:31). Il était tout à fait normal que tout Sidon connaisse Elie non seulement à cause du miracle de la résurrection -fait qui ne s'est jamais produit avant- mais aussi parce qu'Elie était l'ennemi juré de Jézabel et Achab. Il est incompréhensible que l'on ne l'ait pas retrouvé par les agents du roi Achab à sa recherche. C'était un miracle.

Après les aveux d'échecs d'Abdias, j'imagine qu'Elie dû se sentir très en sécurité et se rappela peut-être ces paroles du Psalmiste : *Il te couvrira de ses plumes, Et tu trouveras un refuge sous ses ailes.* Il est impossible d'être le géant Elie, et de ne pas être retrouvé par des agents de renseignements à tes trousses sans être couvert par les plumes de Dieu. Cette nouvelle l'encouragea dans sa foi au point qu'il proposa une rencontre pour confronter le dieu incapable auquel Achab et le peuple vouaient un culte.

f. **Répondre à Elie en faisant tomber le feu (la foudre) du ciel tout en consumant l'holocauste** (1 Rois 18: 36-39) :

Baal, dieu de la foudre, ne put répondre par la foudre à l'invocation de ses prophètes quand bien même le lieu choisi (le Mont-Carmel) était réputé être son bastion. De plus le Mont-Carmel était un endroit où se produisaient plusieurs éclairs (lumière vive et soudaine causée par la foudre). Cependant, au grand désarroi de ses prophètes, Baal ne répondit ni par le vent ni par l'éclair. Élie qui était seul devant des centaines de prophètes, invoqua l'Éternel et l'Éternel lui répondit promptement par le feu. Il est important de noter que le feu qui devait descendre du ciel était censé consumer l'holocauste, le bois, les pierres et la terre. Tout devait disparaitre. Ce n'était pas un feu ordinaire. Pour honorer et renforcer la confiance de Son serviteur en Lui, le Seigneur a pleinement exaucé le prophète. Ce miracle permit au ministère d'Elie d'être reconnu comme le seul vrai ministère qui présente le seul vrai Dieu.

La dépression du prophète et ses différents symptômes manifestés

Au terme de cette confrontation au Mont-Carmel, le vainqueur, le Prophète Elie fut intimidé par Jézabel, la nourricière des prophètes égorgés. Car *Jézabel envoya un messager à Elie, pour lui dire :* **Que les dieux me traitent dans toute leur rigueur,** *si demain, à cette heure, je ne fais de ta vie ce que tu as fait de la vie de chacun d'eux!* (1 Rois 19:2). Ces paroles suffirent pour mettre Elie dans tous ses états et le contraindre à la fuite.

J'aimerais que vous notiez que c'est la première fois qu'Elie se déplace sans que le Seigneur ne le lui demande. De plus, Jézabel jura de tuer Elie par les dieux (les Baals) que le prophète venait tout juste de vaincre lors de la confrontation au Mont-Carmel soldée par l'égorgement des prophètes de ce dieu incapable. Il est absurde de voir que celui à qui Dieu a témoigné Sa providence, Sa protection et Sa toute-puissance, puisse fuir devant des menaces sans lendemain de Jézabel, adoratrice de Baal, dieu vaincu et défenestré par les offices d'Elie.

C'est par ces paroles servant de prologue que l'épisode le plus sombre qu'un prophète de l'Ancien Testament ait connu fut introduit : Élie, *voyant cela, **se leva et s'en alla, pour sauver sa vie. Il arriva à Beer-Schéba,** qui appartient à Juda, **et il y laissa son serviteur.*** C'est le début de l'histoire de la dépression du prophète Elie.

En parcourant et en étudiant de près le récit de sa fuite devant Jézabel dans 1 Rois 19 :1-15, il ressort que le prophète a manifesté huit (8) symptômes majeurs de dépression sur les neufs (9) listés ci-haut. Ces symptômes sont :

- **(1) Humeur dépressive et (2) Sentiment de dévalorisation** :

Envahi par une tristesse quasi-inexplicable -trait caractéristique d'une humeur dépressive-, Elie le prophète se sentit inutile et s'apitoya sur son sort en exprimant sa frustration en ces termes : *C'est assez ! Maintenant, Eternel, prends mon âme, **car je ne suis pas meilleur que mes pères*** (1 Rois 19:4). On ne sait pas vraiment de quels pères parlent-ils puisqu'aucun de ses pères n'a réussi à faire la moitié du travail abattu par lui dans ce laps de temps (3 ans et 6 mois). Il est, par ailleurs, bon de rappeler qu'Adonaï ne choisit pas ceux qui sont meilleurs que leurs prédécesseurs, mais Il choisit ceux avec qui Il décide de faire mieux que leurs prédécesseurs. Le meilleur c'est le Seigneur. Par son attitude, on croirait qu'il se sentait coupable de la mort des prophètes de Baal ou qu'il avait mal fait de démontrer la suprématie de son Dieu en Israël. Il s'accuse même de ce dont il n'est pas responsable pour tenter de soulager sa conscience flétrie par la tournure qu'a prise les événements.

• (3) Diminution d'intérêt :

Elie, voyant cela, se leva et s'en alla, pour sauver sa vie. Il arriva à Beer-Schéba, qui appartient à Juda, et il y laissa son serviteur (1 Rois19:3). Environ 220 Km séparent Jizreel de Beer-Schéba, et Jizreel se trouve en Israël (royaume du Nord) tandis que Beer-Schéba appartient à Juda (royaume du Sud), et se trouve à sa frontière Sud avec l'Arabie. Tellement le désintérêt était grand, Elie parcouru cette grande distance à pied et se sépara de son serviteur pour continuer sa marche seul dans le désert. 40 jours après, ce désintérêt était toujours vif, qu'il dut se cacher loin de la face du Seigneur, dans une caverne. Au verset 9 du même récit, la parole du Seigneur lui fut adressée, en ces mots : Que fais-tu ici, Elie ? Apparemment le Seigneur s'attendait qu'il se décide, après avoir repris les forces, grâce au pain et à l'eau qu'il mangea et but, de retourner dans le pays de sa mission pour poursuivre le ministère. Hélas ! La dépression avait eu raison de lui ; l'intérêt pour l'œuvre avait disparu, et sa décision semblait irréversible : fuir pour toujours. Il peut vous arriver de vouloir fuir loin du Seigneur et de son œuvre à cause des problèmes que vous rencontrez ; sachez cependant que Dieu ne s'éloignera pas de vous.

J'ai suivi une prophétesse dire qu'elle avait pris la décision de fuir loin du Seigneur suite à une fausse couche qu'elle avait connu et de la demande du divorce de son mari, qui a suivi cet événement triste. Plus elle s'éloignait plus le Seigneur se rapprochait d'elle. La dépression arrivera peut-être mais le Seigneur ne vous quittera pas.

• (4) Idées noires :

La honte, la culpabilité, le sentiment d'impuissance et la compréhension biaisée du concept succès ont conduit Elie à imaginer et demander le pire : *Pour lui, il alla dans le désert où, après une journée de marche, il s'assit sous un genêt, et demanda la mort, en disant :* **C'est assez ! Maintenant, Eternel, prends mon âme,** *car je ne suis pas meilleur que mes pères* (1 Rois 19:4). Lui qui n'était coupable de rien, du moins devant le Seigneur de qui tout dépend, s'était fabriqué une excuse pour sa mort. Heureusement que sa dépendance à Dieu lui rappelait qu'il n'avait pas droit de mort sur lui-même mais qu'il devait la demander à Dieu.

• (5) Trouble du sommeil :

Il se coucha et s'endormit sous un genêt. Et voici, un ange le toucha, et lui dit : Lève-toi, mange. Il regarda, et il y avait à son chevet un gâteau cuit sur des pierres chauffées et une cruche d'eau. Il mangea et but, puis se recoucha. L'ange de l'Eternel vint une seconde fois, le toucha, et dit : Lève-toi, mange, car le chemin est trop long pour toi (1 Rois 19:5-7). Loin d'être une détente, ce sommeil devint un moyen pour Elie de fuir la réalité de sa vie et la souffrance qu'il endurait. A défaut de mourir, il valait mieux pour lui dormir. Bien qu'un ange le réveilla et lui donna la nourriture, il choisit de se rendormir. Il fallut une insistance pour qu'il se lève, mange et boive.

• (6) Trouble cognitif :

Dans sa détresse, il devint incapable de raisonner calmement, et répondit au Seigneur sans vraiment réfléchir suffisamment. Quand il se cacha dans une caverne et que le Seigneur lui demanda qu'est-ce qu'il faisait à cet endroit, il répondit au Seigneur : *J'ai déployé mon zèle pour l'Eternel, le Dieu des armées ; car les enfants d'Israël ont abandonné ton alliance, ils ont renversé tes autels, et ils ont tué par l'épée tes prophètes ; JE SUIS RESTE, MOI SEUL, et ils cherchent à m'ôter la vie* (1 Rois 19:14). Il n'était pas faux qu'Elie avait déployé son zèle pour le Seigneur ; il n'était pas non plus faux qu'Israël avait abandonné l'alliance de l'Eternel, que Ses autels avaient été renversés et Ses prophètes avaient été tués par l'épée. Il était, cependant, faux qu'Elie était resté seul, et lui-même le savait. Pour preuve, lors de sa rencontre avec Abdias, le Chef de la maison du roi, ce dernier dans un ton de crainte lui dit : *N'a-t-on pas dit à mon seigneur ce que j'ai fait quand Jézabel tua les prophètes de l'Eternel ? J'AI CACHE CENT PROPHETES DE L'ETERNEL, cinquante par cinquante dans une caverne, et JE LES AI NOURRIS DE PAIN ET D'EAU* (1 Rois 18:13). Elie n'ignorait pas ce fait, mais à cause des troubles cognitifs, il répondit à deux reprises de la même manière au Seigneur, sans réfléchir.

• (7) Evolution de comportement psychomoteur :

Comme forcé ou faisant les choses malgré lui, Elie répondit par deux fois au Seigneur de la même manière. Avec mon imagination, je l'imagine entrain de trainer les pieds, de parler d'un élan très lent puis d'un ton monotone, et avec les yeux rivets au sol : *J'ai déployé mon zèle pour l'Eternel, le Dieu des armées…* Vous avez peut-être essayé de l'imaginer aussi ! Il est très probable qu'il ait connu un ralentissement psychomoteur.

• (8) Fatigue :

Avec la diminution d'intérêt, la fatigue devint le meilleur ami du prophète : *IL SE COUCHA et s'endormit sous un genêt. Et voici, un ange le toucha, et lui dit : Lève-toi, mange. [6] Il regarda, et il y avait à son chevet un gâteau cuit sur des pierres chauffées et une cruche d'eau. Il mangea et but, PUIS SE RECOUCHA. [7] L'ange de l'Eternel vint une seconde fois, le toucha, et dit : Lève-toi, mange, car le chemin est trop long pour toi.* Remarquez qu'à son premier réveil, la fatigue l'a empêché de respecter l'instruction de l'ange de se lever afin de manger. Il fallu que l'ange insista pour qu'il se lève puis qu'il mange.

2. Moise, le grand libérateur

[10]Moïse entendit le peuple qui pleurait, chacun dans sa famille et à l'entrée de sa tente. La colère de l'Eternel s'enflamma fortement. Moïse fut attristé, [11] et il dit à l'Eternel : Pourquoi affliges-tu ton serviteur, et pourquoi n'ai-je pas trouvé grâce à tes yeux, que tu aies mis sur moi la charge de tout ce peuple? [12] Est-ce moi qui ai conçu ce peuple? Est-ce moi qui l'ai enfanté, pour que tu me dises : Porte-le sur ton sein,

comme le nourricier porte un enfant, jusqu'au pays que tu as juré à ses pères de lui donner ? [13]Où prendrai-je de la viande pour donner à tout ce peuple ? Car ils pleurent auprès de moi, en disant : Donne-nous de la viande à manger ! [14] Je ne puis pas, à moi seul, porter tout ce peuple, car il est trop pesant pour moi. [15] Plutôt que de me traiter ainsi, TUE-MOI, JE TE PRIE, si j'ai trouvé grâce à tes yeux, et que je ne voie pas mon malheur (Nombres 11:10-15).

Le manque apparent des ressources créa en Moise le sentiment d'incompétence au point qu'il demanda la mort. Il se voyait incapable pour la poursuite et la réussite de la mission lui assignée par Dieu. On peut bien remarquer en Moise les symptômes de dépression ci-après : **l'humeur dépressive** (V.10), **le sentiment de dévalorisation** (V.11-13), **la diminution d'intérêt pour la mission** (V.14) et **les idées noires** (V.15).

3.   Le prophète Jonas

Appelé pour annoncer le message de repentance à Ninive, Jonas embarqua pour Tarsis, à environ 4000 km de sa ville, la Samarie. Dans le Navire, un vent impétueux et une grande tempête, amenèrent les mariniers à prendre la décision de jeter dans la mer l'homme à la base de leur malheur. Cet homme c'était Jonas. Arrivé aux racines des montagnes, Dieu envoya à Jonas, de façon miraculeuse, un grand poisson pour l'engloutir et le remettre sur la terre ferme afin de se diriger à Ninive. Il annonça le message de l'Eternel à Ninive et, à sa grande surprise, le peuple et son roi se repentirent de leurs mauvaises voies. Alors Dieu résolut de ne plus faire abattre le mal sur la ville et ses habitants. Mais *[1]Cela déplut fort à Jonas, et il fut irrité. [2]Il implora l'Eternel, et il dit: Ah! Eternel, n'est-ce pas ce que je disais quand j'étais encore dans mon pays? C'est ce que je voulais prévenir en fuyant à Tarsis. Car je savais que tu es un Dieu compatissant et miséricordieux, lent à la colère et riche en bonté, et qui te repens du mal.* ***³Maintenant, Eternel, PRENDS-MOI DONC LA VIE****, car la* ***mort m'est préférable à la vie****. ⁴ L'Eternel répondit : Fais-tu bien de t'irriter?* (Jonas 4 :1-4).

Le récit continua en présentant Jonas triste et très découragé au point de s'immobiliser à l'Est de Ninive pour observer ce qui allait arriver de mal à cette ville. Alors une plante à croissance rapide s'éleva au-dessus du prophète et ce dernier profita de son ombrage qui était meilleur que celui de sa cabane. Au bout d'un temps, Dieu fit que sécha cette plante qui faisait dorénavant tout le plaisir et le bonheur de Jonas. A la vue de ce qui était arrivé à ce ricin (plante à croissance rapide), le prophète s'irrita et demanda à nouveau la mort. Dieu profita de la circonstance pour lui demander si son irritation, pour une plante pour laquelle il n'a fourni aucun effort, était juste. Sans vergogne, Jonas répondit : ***Je fais bien de m'irriter jusqu'à la mort.***

La persistance du désir de mourir du prophète est la preuve la plus évidente que sa dépression était en phase terminale. D'une humeur dépressive et avec une forte diminution d'intérêt, Jonas s'opposa fermement et ouvertement au Seigneur au point de ne pas Lui laisser la moindre possibilité de soigner sa dépression.

Parce que Dieu propose et l'homme dispose, le Seigneur ne se donna pas la peine d'amorcer le traitement de Jonas à ce moment précis, mais lui répondit d'un ton ferme pour lui permettre de guérir plus tard : *Tu as pitié du ricin qui ne t'a coûté aucune peine et que tu n'as pas fait croître, qui est né dans une nuit et qui a péri dans une nuit. ¹¹Et moi, je n'aurais pas pitié de Ninive, la grande ville, dans laquelle se trouvent plus de cent vingt mille hommes qui ne savent pas distinguer leur droite de leur gauche, et des animaux en grand nombre !* Puis le Seigneur s'est tu.

Jonas comprit plus tard la leçon, se remit de sa dépression puis écrivit en toute sincérité et d'un cœur délivré ce livre prophétique aujourd'hui en notre possession, portant son nom et faisant référence à sa mauvaise conduite devant Dieu. C'est du moins la preuve que les dernières paroles du Seigneur avaient ouvert une brèche pour la guérison du prophète Jonas.

J'insiste que dans la marche avec Dieu, Sa responsabilité se limite à nous proposer la guérison, et la nôtre est de disposer de cette proposition. Si vous jugez bon de demeurer dans votre état dépressif, sachez que le Seigneur ne vous forcera jamais la main. Mais en bon père, Il pose toujours un acte indicateur du chemin de votre guérison.

Guérir et prendre le dessus sur la dépression

Comme pour les blessures intérieures, si vous voulez guérir de la dépression, vous devez reconnaitre votre état dépressif et reconnaitre votre unique et entière responsabilité. Ici encore vous êtes le seul responsable de ce qu'il vous arrive. L'ordre de garder son cœur (le mental dans ce contexte) plus que toute autre chose n'est pas collectif mais individuel. Ni le diable ni les autres, encore moins Dieu, personne n'est à accuser concernant votre état. Chacun recevra selon son acte mais Dieu ne tiendra personne d'autre responsable de votre dépression. Je m'adresse aux chrétiens, à ceux qui ont reçu de Dieu le Saint-Esprit pour apprendre à devenir maitre d'eux-mêmes.

Dieu ne désire pas seulement nous guérir de la dépression. Il veut aussi que nous prenions le dessus sur elle. Il veut que l'on apprenne à vivre « à fond » notre vie. N'est-il pas dit qu'il est venu pour que nous soyons dans l'abondance ? Donc Il veut que nous menions une vie où les ressources à notre disposition dépassent les besoins. Quelles sont les conditions pour une telle vie ? Que Jésus, le bon berger, vienne et qu'Il donne sa vie pour ses brebis. L'a-t-il déjà fait ? Oui. Donc nous avons à notre disposition des ressources (spirituelles) nécessaires pour que nous menions une vie à l'abri du besoin, à l'abri de la dépression, à l'abri de la maladie, à l'abri de la pauvreté. C'est la bonne nouvelle. Alléluia !

Encore une fois, la balle est dans notre camp. Vous savez que vous avez tout le nécessaire, comme le dit si bien l'Apôtre Pierre : *Comme sa divine puissance nous a donné TOUT ce qui contribue à la vie et à la piété...* (1 Pierre 1:3). Alors utilisez ces ressources illimitées face à vos problèmes limités.

Vous devez de plus savoir que la guérison est aussi un processus. Car dans ce processus vous acquerrez la sagesse pour aider les autres. Donc il requiert du temps et du travail. Si vous guérissez instantanément, gloire au Seigneur.

Voici quelques moyens à notre disposition pour faire face à la dépression :

1. Reconsidérer votre relation et votre attitude à l'égard de Dieu

La vie de Jésus-Christ est particulièrement édifiante à ce sujet du fait même que c'est Lui qui a enseigné et inauguré sur terre la relation de Père et Fils avec Dieu. Avant Christ, personne n'avait une relation de père et fils ; personne ne s'imaginait Dieu comme son Père. C'est l'une des révolutions qu'a apporté le Christ dans Ses enseignements. Toute sa vie sur terre, de l'enfance en passant par sa mort jusqu'à sa résurrection, Jésus considérait Dieu comme son Père.

Encore enfant, Jésus répondit aux inquiétudes de ses parents terrestres qui le pensait perdu, en disant : *Pourquoi me cherchiez-vous ? Ne saviez-vous pas qu'**il faut que je m'occupe des affaires de mon Père** ?* A la croix, *Jésus cria d'une voix forte :* **Père, je remets mon esprit entre tes mains**. A sa résurrection, il dut supplier Marie de Magdala de ne pas le retenir en ces termes : Ne me touche pas ; **car je ne suis pas encore monté vers mon Père**. Mais va trouver mes frères, et dis-leur que **je monte vers mon Père et votre Père**, vers mon Dieu et votre Dieu.

Enfant, il considérait Dieu comme son Père ; dans la souffrance et l'agonie de la croix, Dieu était son Père ; à sa résurrection, Il est resté son Père. Dans les bons comme dans les mauvais moments, Dieu était resté son Père.

Plusieurs personnes ont du mal à comprendre la paternité céleste à cause de leurs relations difficiles avec leurs pères terrestres. C'est pour cela que le Seigneur Jésus-Christ et les apôtres ont tâché de présenter les qualités du Père céleste dans leurs enseignements afin de lever toute équivoque et éviter toute confusion entre le Père céleste et les pères terrestres.

Le Père céleste est Prévoyant, Pourvoyeur, Protecteur, Professeur (enseignant), Pardonneur (Miséricordieux) et Pacifique. Il n'est surpris par rien (Matt 6:7-8) ; il n'est à court d'aucun bien et il prend plaisir d'en combler ses enfants (2 Cor 9:8 ; 1 Tim 6:17) ; il s'assure de la sécurité permanente de ses enfants (Luc 12:6-7) ; il prend soin d'enseigner Sa parole à ses enfant (Héb 10:16) ; il pardonne et oublie les fautes de ses enfants (Eph 4:32 ; Héb 10:17); il n'a aucune rancœur pour ses enfants peu importe le nombre et la gravité de leurs fautes contre Sa Sainte personne (Rom 5:1).

Cela dit, vous avez en vous et en face de vous la meilleure personne auprès de qui vous pouvez confier vos soucis, vos inquiétudes, vos peurs tout en sachant qu'Il répond aux demandent sans faire de reproches (Jacques 1:5). Il y a une tendance qui fait croire que les enfants de Dieu ne devrait pas présenter à Dieu leurs inquiétudes parce qu'ils ne devraient pas s'inquiéter. Faites très attention à ce type d'enseignement. Au lieu de vous aider, il vous engouffre encore dans le problème. Il est écrit dans 1 Pierre 5:7 : *et déchargez-vous sur lui de tous vos soucis, car lui-même prend soin de vous.* Je ne vois pas pourquoi on écarterait les inquiétudes du lot de *tous vos soucis*. Vous vous sentez frustré, dites-le au Seigneur. Ne prenez pas trop de temps à réfléchir sur la pertinence de votre prière, veuillez juste à ne pas être offensant et à renouveler votre confiance en Lui dans votre prière. Quand par exemple vous n'arrivez pas à réaliser de grands progrès malgré votre foi, vos efforts et votre honnêteté ; dites-le au Seigneur. Dites-lui que :

- Vous estimez que vous devriez atteindre le sommet après vos multiples efforts ;
- Il y a forcément quelque chose qui ne va pas bien ;
- Vous êtes sûr que le problème ne vient pas de vous et que s'il venait de vous, vous comptez sur Lui pour vous éclairer ;
- Vous comptez sur Lui pour ne pas que vous viviez la honte et la confusion

Dieu n'est débiteur de personne mais Il veut que nous prenions conscience de notre rôle dans la prière pour que certaines choses changent. Il ne prend pas plaisir à nous voir dans des handicaps et des tas de problèmes.

Je ne me lasserai jamais de prendre l'auteur du Psaumes 44 comme modèle dans des situations de confusion. Avec beaucoup de sagesse, le Psalmiste dresse et présente :

1. Les exploits que Dieu a réalisés, par amour, à l'endroit de leurs pères aux jours d'autrefois (44:1-3) ;
2. Sa confiance et sa louange envers le Dieu qui les délivre (44 :4-8) ;
3. Son sentiment et son impression d'être abandonné avec ses compatriotes par Dieu (44:9-16) ;
4. Leur innocence dans l'affaire (44 :17-22)
5. Sa confiance dans la bonté de Dieu, source de délivrance (44 :23-26)

Dans cette longue prière d'une âme presque confuse, le lecteur oisif croira que le Psalmiste accuse Dieu d'être responsable du malheur qui s'abat sur eux (versets 9 à 16). Cependant, il est loin de rendre Dieu responsable de leur malheur ; il exprime par contre à Dieu son désir de Le voir intervenir dans leur situation parce qu'Il est bon et souverain. En outre, il rappelle leur innocence collective dans cette affaire démontrant l'urgence d'une intervention divine.

L'enseignement qui en ressort est que Dieu ne prend pas plaisir à nous voir souffrir ; Il prend plaisir à nous voir jouer pleinement notre rôle dans la fin des souffrances qui sont nôtres. Il y a des problèmes qui nous arrivent et qui prennent le dessus sur nous sans que nous n'ayons ouvert ou laissé accès au diable dans notre vie. Ces problèmes sont souvent de sparring-partner ; des entrainements pour vous préparer à votre gloire. C'est le cas de David quand il affrontait les lions et les ours dans la brousse.

Dans tous les cas, renouveler au Seigneur votre confiance. Votre situation peut sembler être sans issue, sans espoir ; vous, dites-Lui que vous lui faites confiance. Il a tout intérêt à ne pas vous laisser sombrer, car Sa réputation en dépend.

Dans l'antichambre de la mort, Paul ne céda pas au rejet et à l'opposition dont il était victime de la part de ses fils spirituels et collaborateurs (2 Tim 1:15 ; 4:10 ; 4:14 ; 4:16) pour sombrer dans la dépression. Au contraire il renouvela sa confiance en Dieu, le Père de notre Seigneur Jésus Christ, en disant : « ***car je sais en qui j'ai cru, et je suis persuadé qu'il a la puissance de garder mon dépôt jusqu'à ce jour-là*** » (2 Tim 1:12) et « ***Le Seigneur me délivrera de toute œuvre mauvaise, et il me sauvera pour me faire entrer dans son royaume céleste. A lui soit la gloire aux siècles des siècles ! Amen !*** » (2 Tim 4:18). Quelle force d'esprit ! Quelle foi ! Quelle énergie ! Ni le rejet, ni sa mort imminente n'ont troublé Paul au point de l'empêcher de se concentrer sur Son Père céleste. Il a considéré sa mort comme le début d'une nouvelle ère par son entrée dans le royaume céleste, et en a loué le Seigneur.

Comme le Psalmiste, Paul n'a pas tenu Dieu pour responsable de son malheur, il a par contre vu en la situation qu'il traversait une occasion de louer Dieu et de Lui manifester sa confiance indéfectible.

Au bord de la dépression, reconsidérez votre perception de Dieu et votre attitude envers Lui. Ne soyez pas pressé à vous justifier et à Le condamner. Il est saint, parfait et sans égal en bonté et en puissance. Il est Adonaï, le Maitre des esprits.

2. Partager ses peines à un proche spirituellement mûr

La foi chrétienne est à la fois une vie de solitude et une vie de communauté. Certains problèmes se résolvent en s'isolant tandis que d'autre en se confiant auprès d'un frère ou d'une sœur. Cependant, tout doit être fait selon l'Esprit, la réflexion et une délibération concertée avec Dieu en se basant sur certains critères.

Vous ne devez pas décider seul d'aller vous confier à un frère ou une sœur, il faut que cela vienne de l'Esprit de Dieu. Après le mouvement de l'Esprit dans votre esprit, prenez le temps de réfléchir sur sa pertinence. Dieu n'est pas contre la réflexion ; c'est un moyen de mieux comprendre ce qui vient de vous être dit et même de vous permettre de recevoir une autre instruction plus claire. L'apôtre Pierre reçut une instruction de Dieu dans une vision qu'il ne comprit vraisemblablement pas bien. *Et comme Pierre était à réfléchir sur la vision, l'Esprit lui dit : Voici, trois hommes te demandent ; lève-toi, descends, et pars avec eux sans hésiter, car c'est moi qui les ai envoyés* (Actes 10:19-20). L'apôtre Pierre prit le temps de réfléchir sur ce qu'il avait vu puis le Seigneur lui donna une instruction claire : *lève-toi, descends, et pars avec eux sans hésiter, car c'est moi qui les ai envoyés.* Ne prenez pas trop de temps à réfléchir sur le mouvement de l'Esprit mais ne prenez pas non plus à la légère le temps de réflexion. Au travers la réflexion, vous aurez certainement des précisions nécessaires à la décision de se confier à un frère. Il écrit : *Celui qui réfléchit sur les choses trouve le bonheur...* (Proverbes 16 :20).

Après, vous devez délibérer sur le choix du frère, partant de certains critères. Il faut que le frère soit spirituellement mûr : ceci ne signifie pas qu'il ait plusieurs années dans la foi, bien qu'il ne soit pas approprié de se confier auprès d'un nouveau converti. Spirituellement mur suggère un frère intègre, assis dans la doctrine chrétienne, ayant des capacités d'encouragements, capables de prier pour vous et avec vous pour le problème qui vous dérange, rempli du Saint-Esprit.

Il n'est pas exclu d'aller vers un frère ou une sœur (chrétien ou non) qui a connu à peu près le même problème et qui s'en tiré d'affaire. Le partage d'expérience, bonne ou mauvaise, est très important, car il vous rappelle que vous n'êtes pas le premier à connaitre cette situation difficile. Seulement, rassurez-vous que ce frère ou cette sœur ne vous partage pas le désespoir en vous relatant son expérience. Si c'est le cas, alors coupez le pont avec une telle personne. Dans Jean 14:1 Jésus Christ a dit : *Que votre cœur (âme) ne se trouble pas.* Vous n'avez pas le droit de vous sentir désespéré à l'écoute d'un témoignage. L'espoir partagé libère l'âme de la peur et de la frustration. A votre tour aussi partagez l'espoir autour de vous.

3. Revêtir le vêtement de louange

*L'esprit du Seigneur, l'Eternel, est sur moi, Car l'Eternel m'a oint... Pour accorder aux affligés de Sion, Pour leur donner un diadème au lieu de la cendre, Une huile de joie au lieu du deuil, **Un vêtement de louange au lieu d'un esprit abattu**, Afin qu'on les appelle des térébinthes de la justice, Une plantation de l'Eternel, pour servir à sa gloire* (Esaie 61:3).

La louange est un puissant moyen pour faire face à la dépression et ses conséquences dangereuses. Elle nécessite cependant d'être prise comme le Seigneur l'offre ; comme un vêtement.

Il n'est pas important de vous rappeler que personne, s'il tient à son honneur, ne peut se passer des vêtements. Si nous tenons à mener une vie honorable, nous avons l'obligation de porter la louange comme un vêtement. Au lieu d'un esprit abattu, portez la louange. Vous avez le choix entre louer Dieu dans votre malheur et vous apitoyer sur votre cause. Le premier choix vide toute la force aux problèmes que vous connaissez, car il vous focalise sur Dieu.

Attention à ne pas utiliser la louange comme un médicament pharmaceutique, car elle ne fonctionne pas comme ça. Vous devez apprendre à louer Dieu, à lui être reconnaissant pour les moindres détails de votre vie, chaque fois que l'Esprit vous y pousse. C'est de cette manière que vous aurez la louange comme un vêtement et vous la rendrez efficace pour vous protéger ou vous sortir de la dépression. Car, la louange crée une barrière psycho-mentale et vous donne le dessus sur les événements malheureux. La louange c'est aussi cette saine reconnaissance envers Dieu pour toutes les circonstances, bonne ou mauvaise ; reconnaissance envers Lui pour Sa souveraineté et Sa bonté qui vous assure qu'Il est au contrôle de toute chose.

1 Thess 5 :8 *Rendez grâces en toutes choses, car c'est à votre égard la volonté de Dieu en Jésus-Christ.*

La louange tourne et fixe l'attention vers Dieu et ses exploits ; elle fait renaitre l'espérance et fait jaillir la joie dans le cœur et le visage qui se concentrent sur les bienfaits de Dieu. Le fait de pratiquer la louange assidument vous aidera donc à ne pas trop prêter d'attention à ce qui dérange votre vie ou vous rend dépressif, triste ou désespéré. Vous ne pouvez pas admirer les exploits de Dieu et rester triste sur les problèmes qui vous arrivent. C'est difficile à s'imaginer cela.

De plus, avec l'espérance et la joie que fait naitre la véritable louange, la puissance du Saint-Esprit agit pour détruire les racines de la dépression. Alléluia !

Justes, réjouissez-vous en l'Eternel ! La louange sied aux hommes droits (Psaumes 33:1). La louange convient, comme un vêtement, aux hommes droits, déclarait en son temps le Psalmiste.

4. Cadrer ses attentes à la volonté de Dieu

Vous êtes-vous déjà demandé comment se sentent ceux qui ont demandé ou attendu une chose de Dieu et qui ne l'ont pas reçu malgré l'ardeur de leur foi et de leur espérance ?

Vous avez peut-être jeûné, prié, fait des dons pour vous attirer la chose, mais aucun résultat. Le ciel ou le Seigneur a l'air très indifférent à vos attentes. Ça crée de la frustration qui débouche souvent par une dépression qui vous fait perdre le goût de poursuivre ce que vous faisiez en parallèle. C'est normal, car ne pas atteindre un objectif pour lequel vous vous êtes donné à fond est frustrant. Cependant, la faute n'est pas à Dieu ; elle ne le sera jamais, d'ailleurs.

C'est toujours à vous de revoir quelque chose, ce qui ne va pas. Car le Seigneur a dit : *Vous demandez, et vous ne recevez pas, parce que vous demandez mal, dans le but de satisfaire vos passions* (Jacques 4:3).

Vous ne recevez pas parce que vos attentes ne cadrent pas avec la volonté de Dieu. J'aimerais le dire autrement : vous demandez et espérez, mais vous ne recevez pas, parce que ce qui sont des solutions pour vous ne répondent pas aux problèmes de Dieu.

Oui, Dieu est tout-puissant, mais Il a des problèmes ; Il n'est pas égoïste, mais Il tient à ce que vos besoins résolvent d'abord ses problèmes. Par-là, Il veut vous dépouiller de toute forme d'égoïsme, afin que vous sachiez prendre plaisir en Lui.

Comme Anne, arrêtez de vous apitoyer sur votre sort ; arrêtez de pleurer sur votre cause. Cadrez vos attentes à la volonté de Dieu et vous vous éviterez les frustrations qui vous clouent dans l'inaction.

Devenez ami du Saint-Esprit, Il est l'administrateur de tout ce qui appartient à Dieu ; Il sonde les pensées les plus profondes de Dieu (1 Cor 2:10). Il vous montrera forcément comment vous y prendre pour demander et recevoir exactement ce que Dieu veut vous donner. Il gère tous les biens de Dieu et Il en donne à tout celui qui fait les choses selon Dieu.

Vous êtes dans ce chagrin de cœur parce que vos attentes ne cadrent pas avec celles de Dieu. Reconnaissez-le et repentez-vous. Dieu n'est pas radin ; Il ne désire pas nous voir dépressifs à cause du manque. Il désire nous combler des biens mais dans la seule condition que nous devenions comblés ou riches pour Lui (Luc 12:15-21).

Paul rend de Lui ce témoignage : ***Or, à celui qui peut faire, par la puissance qui agit en nous, infiniment au-delà de tout ce que nous demandons ou pensons, à lui soit la gloire dans l'église et en Jésus-Christ, dans toutes les générations, aux siècles des siècles ! Amen ! (Ephésiens 3:20-21).***

Dieu le Père désire nous donner non pas «au-delà » mais « infiniment au-delà » de ce que nous demandons ou pensons. Les mots sont bien choisis et mis à leur place, et témoignent que tout en Lui est INFINI.

5. Apprendre à déléguer les tâches sans perdre le plaisir

Plus vous travaillez, plus vous vous exposez au risque de dépression. Le travail est une source de joie et de frustration ; il procure à la fois bien-être et mal-être. Que vous soyez subalterne ou chef, le risque de dépression lié au travail demeure. C'est pourquoi les vacances professionnelles sont un droit à la fois pour le subalterne et le chef. Elles permettent de se recréer. En dehors des vacances, les leaders dans tous les domaines se doivent d'apprendre à déléguer les tâches. En attendant vos vacances, apprenez à déléguer vos tâches. Il se peut que vous soyez réclamé par vos dépendants (les membres de l'église par exemple) pour vos capacités hors pair, par exemple votre manière de prêcher ou d'enseigner la parole. C'est un piège de répondre positivement à leurs réclamations répétitives. Peu importe vos aptitudes, votre facilité à convaincre ou à enseigner, ne vous permettez pas d'être l'homme à tout faire. Permettez à vos collaborateurs d'échouer, de tâtonner, d'apprendre de leurs erreurs dans le service. Ne perdez pas le plaisir de ce que vous faites quand les autres font le job à votre place. Il se peut qu'ils ne fassent pas autant que vous, contentez-vous de les voir avancer.

Si vous êtes seul à travailler, vous serez le seul à porter la responsabilité des résultats. Imaginez que le résultat soit très loin de ce que vous visiez, donc que votre travail soit un échec. Combien sera votre frustration ? Vous risquerez de vous convaincre que vous n'êtes pas l'homme de la situation, tellement tout repose sur vous. Ce sentiment de dévalorisation se fait souvent accompagner d'une humeur dépressive (voir symptômes de la dépression) et de la diminution de l'intérêt porté à votre activité.

Le grand prophète Moïse se vit rappeler à l'ordre par son beau-père pour qu'il apprenne à déléguer ses tâches. Nous lisons ce récit dans Exode 18:13-24 :

[13]*Le lendemain, **Moïse s'assit pour juger le peuple, et le peuple se tint devant lui depuis le matin jusqu'au soir.** [14] Le beau-père de Moïse vit tout ce qu'il faisait pour le peuple, et il dit : **Que fais-tu là** avec ce peuple ? **Pourquoi sièges-tu seul**, et **tout le peuple se tient-il devant toi, depuis le matin***

jusqu'au soir? [15]*Moïse répondit à son beau-père :* **C'est que le peuple vient à moi pour consulter Dieu.** [16]*Quand ils ont quelque affaire, ils viennent à moi ; je prononce entre eux, et je fais connaître les ordonnances de Dieu et ses lois.* [17]*Le beau-père de Moïse lui dit :* **Ce que tu fais n'est pas bien.** [18]**Tu t'épuiseras toi-même,** *et tu épuiseras ce peuple qui est avec toi; car la chose est au-dessus de tes forces,* **tu ne pourras pas y suffire seul.** [19]*Maintenant écoute ma voix ; je vais te donner un conseil, et que Dieu soit avec toi ! Sois l'interprète du peuple auprès de Dieu, et porte les affaires devant Dieu.* [20] *Enseigne-leur les ordonnances et les lois ; et fais-leur connaître le chemin qu'ils doivent suivre, et ce qu'ils doivent faire.* [21]**Choisis parmi tout le peuple des hommes capables, craignant Dieu,** *des hommes intègres,* **ennemis de la cupidité ; établis-les sur eux comme chefs de mille, chefs de cent, chefs de cinquante et chefs de dix.** [22]*Qu'ils jugent le peuple en tout temps ;* **qu'ils portent devant toi toutes les affaires importantes,** *et* **qu'ils prononcent eux-mêmes sur les petites causes. ALLEGE TA CHARGE, ET QU'ILS LA PORTENT AVEC TOI.** [23] *Si tu fais cela, et que Dieu te donne des ordres, tu pourras y suffire, et tout ce peuple parviendra heureusement à sa destination.* [24] **Moïse écouta la voix de son beau-père, et fit tout ce qu'il avait dit.**

Moïse avait peut-être le même argument que nous aujourd'hui : le peuple aime quand je consulte Dieu pour eux, quand je leur enseigne la loi et les ordonnance de Dieu, quand je les juge, quand c'est moi qui prêche le dimanche, quand c'est moi qui conduis les réunions... « ils aiment quand c'est moi qui le fais ». Comme son beau-père, je vous dis : Allégez votre charge ; déléguez vos tâches aux autres ; ne les déléguez pas à n'importe qui, choisissez bien vos délégués. Ils doivent être purs de l'intérieur (craignant

Dieu), ennemis de la cupidité, intègres et surtout compétents (apte à vous servir). Et laissez-les faire le boulot pleinement ; attendez d'eux néanmoins, leur rapport.

Des temps après, le peuple d'Israël réclama à Moise la viande en exprimant leur ras-le-bol de ne manger que la manne (Nombres 11:4-15). Ce dernier cria au Seigneur, le cœur attristé (humeur dépressive, verset 11), soulignant son incapacité à répondre aux désidératas du peuple (sentiment de dévalorisation, versets 11-13), exprimant la diminution d'intérêt pour sa mission (verset 14) en demandant la mort (idées noires, verset 15).

Le Seigneur ne répondit pas favorablement à la demande de Moïse, mais l'Eternel dit à Moïse : *Assemble auprès de moi soixante-dix hommes des anciens d'Israël, de ceux **que tu connais comme anciens du peuple** [répondant aux critères] et **ayant autorité sur lui**; amène-les à la tente d'assignation, et qu'ils s'y présentent avec toi.* [17]*Je descendrai, et là je te parlerai; **je prendrai de l'esprit qui est sur toi, et je le mettrai sur eux**, afin **qu'ils portent avec toi la charge du peuple**, et **que TU NE LA PORTES PAS A TOI SEUL**.*

Déléguer les tâches est, dans une certaine mesure, un moyen efficace pour éviter et guérir de la dépression. Le Seigneur sait que nous sommes capables de réaliser les missions qu'Il nous donne, mais Il prend un grand plaisir à nous voir nous associer à d'autres personnes en répartissant les tâches. C'est à notre avantage de nous faire assister. Si vous faites tout seul, vous allez vous épuiser physiquement et psychiquement ; c'est exactement de cet épuisement que Jéthro, le beau-père de Moïse, voulait l'en préserver. Il avait vu plus loin que le prophète Moïse qui parlait face à face avec l'Eternel. A vous aussi, le Saint-Esprit parle à travers ces écrits : Apprenez à déléguer vos tâches sans perdre plaisir.

A la fin de votre vie ou de votre mission, vous comprendrez encore plus l'importance de déléguer les tâches en ce que cette fois-ci vous déléguerez la mission. C'est une vérité qui mérite notre attention : aussi puissant et sage soit un homme, jamais il n'achèvera ou accomplira parfaitement sa mission. Il aura toujours besoin d'un successeur. Malheur à l'homme qui n'aura pas trouvé de successeur.

6. Déclarer et répéter les promesses ou les paroles de Dieu sur vous jusqu'à saturer votre cœur

La foi c'est la démonstration de l'invisible et la ferme assurance que ce que Dieu a promis est certain. La foi marche avec l'esprit, mais obtient des résultats satisfaisants lorsqu'elle affecte l'âme, l'imagination de l'homme. Votre âme a besoin de voir se matérialiser les choses spirituelles que le Dieu vivant vous a promises. Les déclarations répétitives et consciencieuses apportent un apaisement qui trouble la sérénité de l'univers et du royaume du diable. Ce qui fait que les choses ne suivent plus leur cours normal mais suivent le rythme que vous leur avez imposé par vos déclarations. Même le diable se sentira obligé de plier ses bagages et quitter votre vie. La force de vos déclarations ne réside pas seulement sur la fermeté de votre foi ; elle réside aussi et surtout sur la parole de Dieu. La parole de Dieu rend réelles les choses ; elle transforme tout sur son passage.

Si vous croyez dans les promesses de Dieu, comme venant directement de Lui, et que vous les déclarez dans une attitude de foi de façon répétitive sans jamais vous laisser fléchir par la peur de vous voir échouer, les résultats seront sans appel. Ça s'appelle faire chair avec la parole de Dieu. En fait, si rien ne résistait face au Seigneur Jésus-Christ, c'est parce qu'il était la parole faite chair.

Tous les problèmes qui peuvent exister dans ce monde ont leur réponse dans la parole de Dieu.

Voici quelques versets bibliques avec lequel il vous serait souhaitable de faire chair :

Psaumes 118:17 : *Je ne mourrai pas, je vivrai, Et je raconterai les œuvres de l'Eternel.*

Proverbes 3 :25-26 : *Ne redoute ni une terreur soudaine, Ni une attaque de la part des méchants ;* [26] *Car l'Eternel sera ton assurance, Et il préservera ton pied de toute embûche.*

Esaïe 41:10 : *Ne crains rien, car je suis avec to i; Ne promène pas des regards inquiets, car je suis ton Dieu ; Je te fortifie, je viens à ton secours, Je te soutiens de ma droite triomphante.*

Jérémie 29 :11 : *Car je connais les projets que j'ai formés sur vous, dit l'Éternel, projets de paix et non de malheur, afin de vous donner un avenir et de l'espérance.*

Jean 14 :27 : *Je vous laisse la paix, je vous donne ma paix. Je ne vous donne pas comme le monde donne. Que votre cœur ne se trouble point, et ne s'alarme point.*

Hébreux 13:5 : *Ne vous livrez pas à l'amour de l'argent ; contentez-vous de ce que vous avez ; car* **Dieu lui-même a dit : *Je ne te délaisserai point, et je ne t'abandonnerai point*.**

Je n'ai pas la prétention d'avoir donné un nombre exhaustif de versets bibliques qui peuvent vous aider à faire face à tous les problèmes que vous pouvez rencontrer dans la vie, mais le principe demeure. Ajoutez-y toutes les paroles que Dieu a prononcées sur vous et vos dépendants.

Maintenant que vous a pu lire et comprendre la quintessence de ce livre, je vous souhaite, comme Paul à Timothée dans sa dernière lettre avant sa mort, « *Que le Seigneur soit avec ton esprit (cœur) ! Que la grâce soit avec vous!* » (2 Tim 4:22)

Votre cœur a besoin d'altruisme, de guérison par le pardon et de paix, d'où la nécessité que je vous souhaite ce rapprochement avec le Seigneur dans la plénitude de sa grâce.

Table des matières

EDITIONS
PLUME-TECH